中国人的沟通艺术

陈耀南 著

台海出版社

图书在版编目（CIP）数据

中国人的沟通艺术 / 陈耀南著 . -- 北京：台海出版社，2020.9

ISBN 978-7-5168-2696-6

Ⅰ . ①中… Ⅱ . ①陈… Ⅲ . ①心理交往—语言艺术—通俗读物 Ⅳ . ① C912.13-49

中国版本图书馆 CIP 数据核字（2020）第 156655 号

著作权合同登记号 图字：01-2020-4538
作品原名：《中国人的沟通艺术：锦心绣口笔生花》
作者：陈耀南
合作项目：锐拓传媒 copyright@rightol.com

中国人的沟通艺术

著　　者：陈耀南

出 版 人：蔡　旭　　　　封面设计：末末美书
责任编辑：赵旭雯

出版发行：台海出版社
地　　址：北京市东城区景山东街 20 号　邮政编码：100009
电　　话：010 — 64041652（发行，邮购）
传　　真：010 — 84045799（总编室）
网　　址：www.taimeng.org.cn/thcbs/default.htm
电子邮箱：thcbs@126.com

经　　销：全国各地新华书店
印　　刷：天津旭非印刷有限公司
本书如有破损、缺页、装订错误，请与本社联系调换

开　　本：880 毫米 ×1230 毫米　1/32
字　　数：200 千字　　　　印　　张：12
版　　次：2020 年 9 月第 1 版　　印　　次：2020 年 9 月第 1 次印刷
书　　号：ISBN 978-7-5168-2696-6

定　　价：49.80 元

梁羽生序

甲：喂，喂！你在读什么书，读得这样入神，我是特地来找你的，你竟然连令郎为我开门的声音都听不见。

乙：对不起，我正在读陈耀南博士的新著《中国人的沟通艺术》。不是你走到眼前，我还不知道你已经进了房门呢！

甲：这本书何以令你如此着迷？

乙：你总应该知道陈耀南是谁吧？

甲：我知道他是“一身而二任焉”，教授兼作家。

乙：不错，他在这两方面都有出色的表现。他讲文学课程往往中外兼陈、古今并列，擅言辞，多妙喻，听课的学生没有觉得闷的。写文章呢，也是不拘一格，骈、散、诗、词，样样皆能。不过以散文写得最多，尤其擅长说理的散文。真是为文则显风格于庄谐雅俗之间，授课则见妙趣于缕析条分之际。

甲：好，请言归正传吧。

乙：少安毋躁。你以为我说的是“闲话”吗？

甲：请别误会。其实是“闲话”也不打紧。在适当的地方插入一些“闲话”正是散文的特点。

乙：可是我刚刚说到陈耀南的散文，这“闲话”就给你打断了。

甲：是我不对，请继续说你这不是闲话的“闲话”。

乙：你说得对，许多堪称绣虎雕龙般的文字或者语言，就是从“貌似寻常”的“闲话”中道出来的。不仅“闲话”，连夸张都是一种艺术呢。你熟读中国文学史，想必知道像《左传》这样优美的文字，得唐代史学家刘知几称赞为“工侔造化，思涉鬼神，著述罕闻，古今卓绝”（《史通·杂说上》）的叙事文，都有学者认为其文字失之浮夸，有文胜于质的毛病呢。

甲：所以这就引来了现代文学史家刘大杰的评论，认为“这都是那些死守六经为文章的正统的迷古派的意见”，“他们所说的浮夸与文胜于质，正是中国散文的艺术的进步”。（见刘著《中国文学发展史》上卷）刘氏说的不无道理。

乙：可我从陈耀南的文章扯到了《左传》，你不嫌这个圈子兜得太大吗?

甲：我倒觉得你好像已经“入题”了。

乙：你终于看出一点儿眉目了。陈耀南这本《中国人的沟通艺术》，类别并非创作，而是古文今译。所举的例子，都是从《左传》《战国策》《国语》《史记》等古典名著中挑选出来的。陈耀南得兼“文”“口”两才之美，自是得力于熟读这些名著之功。其实，甚至不必打开这本书，单单看书名的副题，也可以回答你的问题。

甲：是啊，这本书副书名是《锦心绣口笔生花》（繁体版副书名，编者注），说的当然是和语言文字有关的艺术。陈耀南在这两方面都出色当行，难怪吸引你了。对吧？

乙：这正是我心中的答案。

甲：但你说的另一句话，却似有点儿语病。

乙：是哪一句？

甲：你说这本书依类别不能划为创作。其实翻译也是一种创作，或云再创作。翻译也需要心思，甚至有时可能比创作更花心思。没有他的精彩译笔，你自是可以读得懂原文，但许多年轻学子就未必啃得下那些古典名著了。何况，他也并非全部直译，还有意译和改写，还补充说明了前因后果。这些都是有助于读者了解的。总之，是否创作，不能机械划分，你同不同意？

乙：高见，高见。如此说来，“锦心绣口笔生花”这七个字，也可以用来送给陈耀南了。

甲：当然可以。你刚才不是提到有关《左传》的文质之辩么？陈耀南在该书的“导言”部分，说到语言艺术时，提出的十六个字准则，就比刘大杰说得更为全面。虽然他这十六字，并非专为论证《左传》的语言艺术而设。这十六个字是：“知己知彼，合情合理，有质有文，不亢不卑。”

乙：哦，原来你也看过这本书的，看得比我更仔细。该轮到我问你对这本书的意见了。最好跳出学院派的范围。

甲：好，那就一跳跳到“今天”吧。你看我们所处的时代像不像春秋、战国时代，尤其像《左传》与《战国策》所写的那个战国时代？

乙：你这个问题很有意思。我记得好像四十年代初出版的一本综合性半月刊，名称就叫作《战国策》。

甲：我的问题，不局限于中国，是就整个世界而言。

乙：今日世界像不像战国时代，我说不准。你说呢？

那就再来一个时空跳跃，让孟子先说。春秋、战国在孟子口中，乃是“圣王不作，诸侯放恣，处士横议”的时代。古代的圣王，能让万众归心，靠的不是政治独裁，更非军事镇压，靠的只是道德力量。孟子说的“圣王不作”和庄子说的“圣贤不明”，往往被人相提并论，说的差不多是同样意思。用现代的语言来说，就是偶像和权威都已消失，也没有共同的价值观、道德观了。于是列国纷争，各行其是（失了共主，诸侯放恣），不掌权的知识分子，也都各自有各自的主张，各自有各自的信仰（失了共识，处士横议）。这就造成了百花齐放、百家争鸣的局面。

乙：这样说来，倒是有好有歹呢。

甲：春秋战国时代，就学术思想而言，本来就是个繁荣昌盛的黄金时代。

乙：就算今日世界和春秋战国时代相似，却又和陈耀南的这本书扯得上什么关系？

甲：这本书说的虽是语言艺术，但其所举的事例，大部分却是发生于春秋战国这个时期。

乙：那又怎样？

甲："古为今用"你懂不懂？

乙：哦，你是说陈耀南在借古讽今吗？或者这只是你的意思呢。

甲：或者是吧。不过我作此想，亦是有根据的。

乙：什么根据？

甲：你翻开"导言"所举的例子仔细看看，有许多例子，不管说的是国家大事也好，是个人应对也好，你都会感到"似曾相识"，可用以喻今。

乙：好，我一定再看三看。但不管你猜对猜错，我都佩服你的独到之见。

甲：不算独到之见吧。我只是依书直说。你可以多问问几位有学问的朋友，听听他们是否也有同感。

乙：我有一事不明，倒要先问问你。

甲：请说。

乙：你对陈耀南其人其书的了解，好像都比我深，为何还要特地跑来问我？

甲：客气，客气。我是想集思广益。

乙：如此郑重其事，真是小题大做！

甲：不是小题大做，是大题小做。

乙：吓，“大题小做”，什么意思？

甲：实不相瞒，陈耀南请我为他的书写一篇序，这可是涉及古代的语言艺术的，题目够大了吧？

乙：啊，他找你写序文？我还以为你们是尚未相识的呢。

甲：世事多变化。前两年他来了悉尼，和我住在同一个区，距离只有五分钟的车程，几乎可以说是近邻。远亲不如近邻，近邻之命，岂敢推辞。但他的书是“三有”，而我却是“三无”，无锦心，无绣口，更无生花妙笔，又怎能侈谈什么语言艺术？无已，只好找个有学问的朋友聊聊，说不定可以聊出一点儿名堂，便可聊以塞责。这就叫作大题小做。

乙：其实你心中想写什么，就写什么好了。黄遵宪诗云：“我手写我口，古岂能拘牵。”管他什么“三无”“三有”。

甲：我心中想写、口中要说的只得一句。

乙：一句话怎可当作“题词”？

甲：勉强也可以凑成一首打油诗，但翻来覆去，其实也只得一句，而且还是借用别人的成句。

乙：这倒是前所未闻的了，姑且说来听听。

甲：请听：

锦心绣口笔生花，妙语奇文两足夸。

读罢只能题一句，锦心绣口笔生花。

乙：原来你借用的成句，就是陈耀南那本书的副标题，“起句”是它，“结句”也是它。这是仿苏东坡的题庐山诗体——那首诗也是两用“庐山烟雨浙江潮”这一名句。虽然前后两句相同，但各有所指，不能算是重复。不过，寥寥二十八字，且还是打油诗，分量究嫌不够。

甲：既嫌不够，那就唯有把你我的“对谈”搭上了。

乙：谁叫我们是朋友呢，无可奈何，由得你吧。请请。

甲：多承相助，无以为报。谢谢。

——“对谈”结束

梁羽生

1996 年 5 月　悉尼

自序

“以古为鉴”——唐太宗的名言。视历史为镜，照见得失，洞悉兴替。人能有此胸襟，励精图治，于是国运昌隆；从此吾土吾民，遂有“唐山”“唐人”之号。所惜数千年旧邦的积疾未除，数万里远人的侵侮终至，乃有近世沉重的苦难与锻炼！所赖炎黄子孙知所奋发，鉴古明今，同心再起！

《以古为鉴》——在下拙著之一。初为香港《百姓》半月刊小品专栏，连载于92—126期，以《历史叮咛》为名，而见赏于山边出版社何紫先生。1988年9月，就以太宗名言，刊为新书。数年之后，笔者南徙澳洲，应邀讲此于华人电台，共慰辞根乡土之思！并以丰富当地多元文化。适值香港中华书局陈先生国辉、张女史国瑞雅爱，惠嘱聚焦于政教修辞，增补改编，定名为《中国人的沟通艺术》。副标题《锦心绣口笔生花》，则是初时所拟，而蒙识荆未久的梁羽生（陈文统）前辈所许。生公“新派武侠小说开山大师”的盛名，遐迩腾扬；而并擅诗词棋艺，尤精对联，则共仰于同道识者。二十多年来，高悬会下“南洲国学社”讲坛的嵌字赐联之一，就是他的奖勉：

教无类，一若志，薪传道耀；

授有方，齐百家，走北图南。

南华真人有知，或也一哂。本书蒙生公赐序，他牛刀小试，也用三联书店拙著《中国文化对谈录》（正、续编）里，笔者以甲乙二人平等互启互谑，而并非常见单向问答之体裁，在下更是瞠乎其后、心服口服了！

本书自香港回归前一年五四纪念日初版，忽然又二十多个寒暑了！现在喜得香港中华书局董事总编辑侯明女史、副总编辑黎先生耀强垂青雅爱，再次出版；并且编列了全书四十多则所据典籍原文，读者可以视同译介释析，而与正文对照使用了。至于古之齐秦楚越，合纵连横，今之英美德俄，同盟协约；人性不殊，而诡谲无异。总之，修辞之道，如本书所谓“知己知彼，合情合理；有质有文，不亢不卑”，或者也是没办法中的可行之法吧！

拙作的“身世”与学习、成长过程，报告如此。再一次向历来扶持者敬礼、感谢！

2019 年 6 月 27 日于悉尼

导言

与人相处，是极大的学问；把话说好、把信写好，是极重要的沟通技巧。洞明世事、练达人情的古今才士，超卓的才学，过人的识见，汇成巧美如锦的心思，发而为绣虎雕龙般的口语或者文字，“函绵邈于尺素，吐滂沛乎寸心”（《文赋》），往往达致神奇的效果。《文心雕龙》所谓“一人之辩，重于九鼎之宝；三寸之舌，强于百万之师”，从历史来看，并非夸张之词。

以古代中国来说，从秦汉到明清，学术思想随君权之定于一尊而大受桎梏；倒是在此之前的春秋战国时期，反而最多精彩。那时所谓王纲解纽，列国争雄，开放自由，豪杰竞起，是个文化交流的时代，也是个才华焕发的时代。见于《左传》《战国策》《国语》等名著的锦心绣口的行人辞令、绝妙文章，也就琳琅满目、美不胜收。孔门四科，“言语”与“德行”“政事”“文学”并列，可见沟通艺术之重要。

晚周诸子的流风余韵，历短命的秦朝而入于汉初；不过，法家专制的流毒，却千载未已。随着君权炽烈，主臣礼隔，早已难面折廷争；上书的辞气，也日趋卑屈。士气不振，语言艺术也就乏善可陈。

从三国鼎立到魏晋南北朝时期，虽也是人才辈出，可惜儒学“开物成务”的人文精神，已经不再蓬勃；道佛二家，又以逍遥的妙理、舍离的信仰，导人心于解脱无为。那种磅礴淋漓的元气、多彩多姿的面貌，是远逊于晚周了。

唐宋以来，君权更盛，至明清而极。其间又缺乏足以补救中国传统文化缺漏的外来有力刺激；思想学术的活力，于是日渐衰颓。纵然骈、散、诗、词，尽多佳制，但是情思内容，还是走不出九流三教的典范，下焉者更狭窄、僵化，了无生气。直到近代，面临三千年未有之巨变，中华民族再次处身于国际时代，语言沟通艺术才别开生面。

时代发展，开拓了心胸；环境变化，变更了看法。不过，人性人情既是古今相同，一些艺术原则也就恒常可法。就语言沟通来说，可以用四个四字句来概括其原则：

知己知彼，合情合理；

有质有文，不亢不卑。

这十六个字，浅近易明，不烦辞费，但活学活用起来，却并不容易。为供大家参考，本书从古籍中选出一些典例，直译、意译或者改写原文，并且补充说明前因后果，以增加了解。

*　　*　　*

【群雄相竞】

春秋霸业，以齐桓为始，以晋文为盛，南抑暴楚，西拒强秦。列国的盟会战和，个人的折冲樽俎；攻守虚实，寻瑕抵隙，机锋辞采，精警百出。有时一方得势不让，盛气凌人，另一方不想触怒，又不能丢失尊严，如何是好？请看——

楚使者　不卑不亢对齐桓

晋重耳　饱历炎凉成大器

强大的盟友，对个人来说，有大恩惠；对国家来说，有大威胁。联合行动进展了一半，忽然被敌人离间得手，盟邦背约他去。要翻脸，还不是时机；要下台，漂亮的借口怎样找？请看——

秦与晋　和战恩仇争霸业

【以弱对强】

人们说："弱国无外交。"不过，也正因为势孤力弱，才更需要外交技巧。本身的弱点，对方和自己一样明白；自己的要害，对方一句话就直逼过来。怎样应对？请看——

吕子金　直认不和救国君

强大的敌人两面夹击，左闪不可，右避不能，要从中间钻出，怎样找出空隙？请看——

烛之武　老谋深算解重围

打败仗了。对方苛刻要求，怎样还价？请看——

齐国佐　负重求和完使命

自己正在危难中，那位解救者、协助者、释放者却催着要谈报酬、条件了，怎样开出自己能够偿付的支票？除了晋文公重耳的故事外，请看——

晋知罃　败军之将能言勇

败军之将、阶下之囚，怎样显示教养，不失国家体面？又可以看——

楚钟仪　囚晋南音怀故土

高傲的主人轻慢宾客，弄到自己进退不得，怎样表示不满、要求礼待？请看——

郑子产　忠心善喻得国政

子产当然也是内政高手、民主先锋，不过，郑国终究弱小，常常被强邻虎视眈眈。在前面秦晋争霸的故事中，已经有郑人发现秦国企图偷袭，于是一边示以有备、一边逐客的例子。这次，另一个恶客摆明是不怀好意，却利用形势，振振有词，要登堂入室了。怎样“打开天窗说亮话”，表示已洞烛其奸，而又不失礼、不失信，更不失防备？再请看——

郑子羽　义正词温破祸心

【使臣尊严】

备无可备，而其实以平时的修养为备的，是关乎生命的突发事件。想不到对方竟然要在先礼后兵之际，处斩来使，不仅不守公法，还出言轻薄，调侃自己。怎样不失个人与国家尊严，而且还以颜色？请看——

吴王弟　临刑无惧说凶吉

国家尊严与个人尊严都是要维护的。对方竟然不顾礼貌，针对自己的体型来恶作剧，要矮化自己甚至自己的国家。怎么应付？怎样辅佐主公归于正道而不致批其逆鳞？还有，领袖也是人，忽然兴到，要找自己放浪形骸一番，自己想以礼自守，不失身份，而又不能令对方难以下台，怎样应对？许多故事和嘉言妙语，尽在——

晏平仲　人矮才高服列国

自觉文化优越的对方，要在衣饰方面为难自己，怎么办？更可以看——

越使者　终身断发一枝梅

【调停争端】

两个朋友都自认优越，互不相让，做主人的怎样安排、怎样调处？请看——

鲁公子　调停先后息宾争

“和事佬”不是好当的，怎样用形象化、趣味化的语言，开阔人们的心胸，劝止贪得无厌的一方，甚至看来就要两败俱伤的双方？请看——

齐陈轸　画蛇添足止昭阳

智策士　犬兔蚌鹬说群王

【人君风范】

决定出自国家机器的掌舵者，他同时也是责任的承担者。一个大计划失败了，是诿过于下，还是“罪在朕躬”？什么是领袖风范？怎样“与民更始”？请看——

秦穆公　责任肩承显风范

“兼听则明，偏信则暗”，这是人君早就知道而又大都忽视的道理。生动的现身说法，请看——

齐邹忌　高人高智开蒙蔽

详尽的典例，请看——

汉邹阳　铺陈典实说梁王

领袖听信谗言，要处死自己，怎样不失尊严地申明忠心，转危为安？这篇也是一个成功的例子。

至于国家情势危急，最高掌权者却不肯放开心头肉，而且怒随谏增，盛气难下。怎样绕过对方心理关防，开导迷执？请看——

赵触龙　闲话家常服女主

【悬崖勒马】

不只元首，所有国家成员都最好具有休戚、荣辱与共的认识，领袖人物尤其应当如此。怎样以极精炼而又引人兴趣的寥寥几个字，或者以极生动而又发人深省的寓言故事，传达出这个重要信息？请看——

好门客　三字惊人海大鱼

巧苏秦　土偶桃梗止孟尝

人家要排斥外地人才了，身为被逐之人，怎样劝谏雄才伟略的君王收回成命？请看——

秦李斯　书谏雄君止逐客

市井之徒一变而为开国之君，志骄意满，自卑而又自大地轻视读书，怎样警醒他逆取顺守、尊重文化？怎样劝一个“天高皇帝远”的土皇帝归顺中央，少搞一点儿山头主义、地方主义？请看——

汉陆贾　智安南越救苍生

怎样用乡土之情、民族之念、利害之势，打动一个摇摆不定的军阀，使其放下屠刀，归来故地？请看——

梁丘迟　一纸劝降陈伯之

【政海立身】

故主是终生的事业知己，自己也以不世的功业相报，只可惜继位的新主暗昧冲动，疑忌自己，阵前易帅，丧失了胜利成果，还来信责备。怎样答他？怎样念着故主深情，而又给自己已离开的新主以教训？请看——

燕乐毅　名成功立报君王

以王佐之才，几经艰难，终于见到第一大国的最高领袖，并且被再三请教内则君主集权、外则削灭诸国的政策。怎样以疏论亲，不避嫌疑，针对对方骨肉之间的微妙关系和权力斗争问题，取得对方全心的敬服与信任？请看——

魏范雎　攻坚解困得秦相

面对才学极好、极工心计的当朝宰相，怎样劝他吸取历史教训，急流勇退，让出权位？请看——

智蔡泽　巧劝应侯让宰相

【私情公谊】

至于个人志节方面，或规劝别人，或表白自己，都极讲技巧。譬如说礼教之世，文人伉俪，怎样情书往来，交通爱意？

一代名将，又怎样谨厚周慎、劝诫侄儿？请看——

贤伉俪　绵绵情意往来书

马伏波　谨行慎言诫侄儿

一位享有盛名的学人，屡受催请，终于动身，中途却又犹豫止步。怎样激励他毅然继续行程，献身社会？请看——

汉李固　相副名实激黄琼

屡聘屡却，是因为照顾慈亲；而不遵命任职，又有不测之祸。怎样恳切陈情，取得谅解？请看——

李令伯　至孝陈情动晋皇

有绝世才华，而坎坷不遇，怎样请求荐助，而又不失自尊？一代文豪的少作，请看——

韩退之　搁浅蛟龙求活水

负责地方行政，履任伊始，怎样借为民除恶兽毒害之际，指桑骂槐，警告人中禽兽？请看——

勇刺史　大义凛然驱鳄鱼

小有才华而未闻大道的青年，追名之心太盛，热切地欲追随自己，怎样委婉答复，寓开导于婉拒？对一位昔日的青年同道，今天的政坛红人，怎样不出恶声，而暗示趋舍殊途，交情到此为止？请看——

王安石　辞精语婉绝交情

旧日的老师卖身异族，还要诱迫自己投靠强权、牺牲操守。怎样表明心迹，明确拒绝？请看——

谢枋得　委婉坚强守志节

地方上司是无礼小人，侮辱不遂，还要恶人先告状。自己怎样不亢不卑地表明原则，示人以不可侮，而又言言合礼、语语出于大义？请看——

王阳明　不挠不傲拒无礼

怎样阐明形势，分析利害，劝一位备受敬重的领袖投降？这位忠贞之士又怎样在大厦将倾、一木难支之际，逐点分辩，表明志节？请看——

史可法　针锋相对拒降清

著名的滑稽之雄淳于髡，跑失了代携的天鹅，却表现了解颐的机智。至于卫道善辩，从处事的守经达权、为政的爱民如己，到评价革命、论说分工，就不可不读气盛言宜的《孟子》了。

*　　*　　*

总之，请听听前贤的话语，汲取一些中华民族的传统智慧，欣赏历代的锦心、绣口、好文章！

01

鲁公子　调停先后息宾争

俗语说得好："办酒容易请客难。"选择客人：哪个请？哪个不请？安置客人：哪个在先？哪个在后？集体出现的时候，哪个人站在中间？哪些人排在后面？谁跟谁坐在一起不妥当？谁跟谁一见面就有冲突？诸如此类，要"宾至如归"，主人家往往伤透脑筋。

此刻，鲁国就要面对这个伤脑筋的问题。国际外交，尤其到了"元首"这一级的，真是非同小可；稍有差池，就会闹出大事。

原来鲁隐公十一年（公元前712年），滕、薛都来拜会鲁侯；两国君主为了谁先跟主人见面，起了争执。薛侯说：

"我国在夏代已经受封，滕国到本朝才是诸侯，我们受封在先，当然应该先见。"

滕侯也不示弱，说：

"笑话！我是周室的卜官之长，这是同姓诸侯才可以担当的荣誉职位。体制所在，尊严所在，我怎可居庶姓的薛侯之后？"

客人在礼仪、面子上发生了争执，做主人的怎么办？

鲁隐公于是派大夫公子翚（羽父）向薛侯求情，说：

“承蒙君侯和滕侯都屈驾来问候寡人，实在十分感激，不知怎样感谢你们才好。周地有这么一句谚语：‘山上有树木，工匠量度它；宾客有先后，主人决定它。’大周王室的会盟，也是先同姓、后异姓。寡人如果到贵国拜候，也不敢和与贵国同姓的任姓诸侯同列。君侯请帮帮忙，给寡人一点儿面子，让我为滕君的事，向您求求情。”

滕、鲁与周天子是同姓，依照当时礼制，先会见是比较合宜的，于是，代表鲁侯的公子翚向薛侯进行协调工作。他先感谢对方来访；接着引当时周地的一句谚语——那时周还是诸侯同尊的天下共主——暗示希望薛侯体谅主人的处境，尊重主人的决定；第三步，以周王室的礼仪为依据，表示自己如果朝见对方，也不敢和对方同姓的诸侯争先，以免对方失礼、难做。

滕侯意在争先，所以称薛为“庶姓”。“庶”，就是“众”的意思，与“嫡”相对，含有卑贬的意味。公子翚则因为鲁国先君周公、武公曾娶于薛，两国有过婚姻关系，这时更旨在调停，要表示尊重，故改用平等的“异姓”一词，而且暗示了彼此的亲切关系。最后几句，更是委婉谦和，给足了对方面子，对方也就乐得卖个顺水人情了。

原文出处

十一年春，滕侯、薛侯来朝，争长。薛侯曰："我先封。"滕侯曰："我，周之卜正也。薛，庶姓也。我不可以后之。"公使羽父请于薛侯曰："君与滕君辱在寡人，周谚有之曰：'山有木，工则度之；宾有礼，主则择之。'周之宗盟，异姓为后。寡人若朝于薛，不敢与诸任齿。君若辱贶寡人，则愿以滕君为请。"薛侯许之，乃长滕侯。

（十三经注疏整理委员会整理：《春秋左传正义》，隐公十一年传，140页，北京：北京大学出版社，2000年。后《左传》引文皆用此版本。）

02

楚使者　不卑不亢对齐桓

春秋时代，名为天下共主的周，早已无力统御各国；崛起南方的大国——楚，尽吞江汉流域的小诸侯，势力渐渐向中原扩展，并且废弃被封的“子”爵而干脆称“王”，视周如无物。五霸之首，用名相管仲而致国家富强的齐桓公，第一个提出“尊周室，攘夷狄”的口号，“挟天子以令诸侯”。作为中原各国的盟主，齐桓公要以集体力量，保障集体安全，阻遏楚国北侵。

鲁僖公四年（公元前656年），齐桓公率领本国和宋、鲁、陈、卫、郑、曹、许各诸侯国的联军击溃了楚的盟国蔡，进兵攻楚。楚王的代表来到联军中，说：

“君侯住在北方，寡人住在南方，相隔这么遥远，即使发情狂奔的牛马，也不能跑到一起。想不到君侯竟然涉足我们的地方，这是什么缘故呢？”

管仲代表齐侯回答说：

“以前辅助周室开国的召康公奭委任我们的先君太公望说：‘各地的诸侯，你都可以征讨，以辅佐周的王室。’他赐给我们先君踏足的范围，是东到大海，西到黄河，南到穆陵，北到无棣。现在，你们应该供应的苞茅，许久没有进贡了，使得天子的祭祀缺乏了滤酒的东西，寡人要过问这件事。

“还有，昭王十九年，天子南巡而没有回去，这件事寡人也要追究。”

——原来公元前 977 年，周昭王南巡，坐了一艘被楚人做了手脚的船，船到汉水江心，胶合船板的东西溶化，周王就溺死了。本来，楚国当时最大的罪名应该是“僭称王号”，但这时还未到最后决裂的时候，如果直接质询，双方就都没有可以回旋的余地了。因此，管仲借一件似乎很细小的事情“包茅不入”来询问，如果对方肯认错，认了听来也无关宏旨，不伤面子，那就等于仍然承认周天子为共主，楚应当服臣职而进贡。周本来就已经无望再振声威，齐本来也只是借天子的剩余名望来号召诸侯，楚也明知自己现在的力量还不足以与联合起来的中原大国对抗。这一切，大家都心照不宣。

听过了对方的两大指摘，楚王使者说：

“苞茅贡品没有奉上，这是寡君的疏忽，我们谨此道歉，并且答应今后一定送上。至于昭王南巡不返，那时汉水还不是我们的疆土，恕我们不能负责；君侯要责问，就责问汉水江边的人吧！”

——对了，南人有时对北方是不服的，这也没有办法。最重要的是，这事与我们无关，而且已经过去了几百年，死无对证了！

使者的话固然不卑不亢，但诸侯的军队还是向前推进，驻扎在陉地——楚的北疆。

到了夏天，楚君又派屈完到联军驻地。诸侯军队后退，驻扎在召陵。双方都按兵不动，看形势发展下去是和是战。

齐桓公将诸侯的军队列成阵势，与屈完同坐一辆战车，共同检阅，并且对屈完说：

“这次劳师动众，难道是为了我这个盟主吗？只是为了继承我们先代国君建立的国际友好关系而已。贵国和我们保持这个友好关系，怎么样？”

屈完恳挚地回答道：

“君侯惠临敝国，为我们的福利而努力，并且接受敝国国君为盟友，这实在是我们国君的心愿啊！”

得到楚国同意和解的信息，看着以自己为盟主的诸侯联军的强大阵容，齐桓公不禁志骄气盈，自满地说：

“看！用这样的军队来作战，谁能抵御？用这样的军队来攻城，哪座城攻不下？”

屈完一听，也提高了姿态，但仍然十分委婉得体地回应道：

“君侯如果以道德来安定国际秩序，谁人敢不服从呢？如果诉诸武力，那么，我们楚国有连绵七八百里的方城山作为屏障，有深广的汉水作为护城河，入侵的军队即使众多，力量恐怕也用不上吧！”

双方的实力、形势，彼此心里都有数了。于是，屈完便代表楚国，与齐侯为首的诸侯联军议成和好，订立盟约。

原文出处

四年春，齐侯以诸侯之师侵蔡。蔡溃，遂伐楚。楚子使与师言曰："君处北海，寡人处南海，唯是风马牛不相及也，不虞君之涉吾地也，何故？"管仲对曰："昔召康公命我先君大公曰：'五侯九伯，女实征之，以夹辅周室！'赐我先君履，东至于海，西至于河，南至于穆陵，北至于无棣。尔贡苞茅不入，王祭不共，无以缩酒，寡人是征。昭王南征而不复，寡人是问。"对曰："贡之不入，寡君之罪也，敢不共给。昭王之不复，君其问诸水滨！"师进，次于陉。夏，楚子使屈完如师。师退，次于召陵，齐侯陈诸侯之师，与屈完乘而观之，齐侯曰："岂不榖是为？先君之好是继。与不榖同好如何？"对曰："君惠徼福于敝邑之社稷，辱收寡君，寡君之愿也。"齐侯曰："以此众战，谁能御之？以此攻城，何城不克？"对曰："君若以德绥诸侯，谁敢不服？君若以力，楚国方城以为城，汉水以为池，虽众，无所用之。"屈完及诸侯盟。

（《春秋左传正义》，僖公四年传，376 页）

03

吕子金　直认不和救国君

公元前七世纪前期，晋国强大起来。公元前672年，献公伐骊戎，得该族第一美女骊姬为妃，大加宠幸。根据《庄子·齐物论》的描述，骊姬也由初嫁时的啼哭不已，变为十分享受一切奢华生活。

侵人之族，夺人之女，本身就是罪孽，晋献公也因此遭到报应：家庭惨变。原来那骊姬绝不简单，换个角度来说，可以谓之“蛇蝎美人”。她生了个男孩，就想要晕头转向的献公做当时宗法礼教认为是大忌的事——废长立幼。太子申生是齐桓公女儿所生，母亲早死，性情极淳厚；妹妹嫁了秦穆公。公子重耳，是翟地狐氏所生。还有一位公子夷吾，和申生、重耳一样，都是献公众多儿子之中超卓的。自从骊姬得宠，献公父子之情就大为淡漠。而骊姬更是不断使毒计：表面上称赞申生，但暗中却散布毁谤的谣言；同时又制造了几次假局，令献公以为申生要非礼骊姬，毒死他，联同夷吾、重耳谋反。于是申生被迫自杀，重耳、夷吾分别逃亡，这时是公元前656年。那时西邻秦国在献公之婿穆公的领导下也日渐强大，想趁这个机会发挥影响力。因为重耳比较正派而得人望，不易控制，于是秦国便接受了夷吾的奉献条件，协助夷吾回国即位（公元前650年），是为晋惠公。

晋君一登大宝，就背弃前约，没有割让河西五邑，还杀了许多心向重耳的大臣。公元前 647 年，晋大饥荒，秦穆公不仅不追究背约之事，还说："领袖虽不好，人民是无辜的。"应允赈济。次年到秦国荒歉，晋却拒绝卖粮，并且准备乘灾进攻。秦大怒伐晋（公元前 645 年），九月战于韩原。混战之际，穆公几乎失陷，幸赖勇士三百余人突然冲入阵中奋战才获救。据《吕氏春秋》《淮南子》《说苑》等书记载：这些人原是先前偷食穆公爱驹的一班村野草民，因穆公不加罪，反赐酒以解肉毒，于是感恩图报。相反，晋国君臣却是互相猜忌。惠公因为大将庆郑对自己不够尊重，所以不肯依龟卜与他同乘战车，又不听他的劝谏而用郑国所献的外貌可爱但训练未熟的马"小驷"；到实际打仗时，小驷果然惊陷泥中，庆郑又不肯相救，于是晋君被掳。

晋大夫阴饴甥（姓吕字子金）代表晋向秦求和，在王城会盟。那位既是姻亲又是恩人、又是获胜的报复者、又是邻国之君、又是一代霸主的秦穆公，劈头就"殷殷垂问"：

"你们晋国究竟怎样了？上上下下，还和气吗？"

如果说"和气"，那是装门面；似乎得体，但却是自欺欺人，而且浅露得可笑。且不说秦穆公何等厉害，就是一个普通的政治人物，也早知晋国之政局动荡、人心不安，由来已久。

还有，面对余勇可贾而报复之心未已的胜利者，强撑门面，只会挑起更深的敌对情绪。

“不和气。”

有点儿意外，也有点儿喜悦，更多的是好奇。秦伯于是很乐意听下去。

“唉！又怎么会和气呢？敝国一般人觉得既伤心，又没有面子。没有面子的是，打败了，连一国之君也变成了俘虏；伤心的是，许多亲人都在这场败仗中牺牲了。他们不怕再征税，重整甲兵，准备拥立太子圉为新君，他们说：‘一定要报我们的仇。再打败了，就给戎狄野蛮人统治吧。’”

——唔，是吗？难道不知道这是自作自受？难道不知道再打也打不过我们吗？真没见识。

“至于敝国有见识、有教养的人却并不那么想。他们当然也忠君爱国，只是很明白实在是自己对不起秦国。他们同样不怕征税来重整河山，一切就看秦国怎样决定了。他们说：‘人家的恩德，不能不报，即使死，也没有别的想法。’”

“就是这样。敝国内部意见不一，并不和气。”

——这番话还算老实。这些人还算公道。

“你们晋国人认为你们的国君会有什么结果？”

“也是两种意见。”

气氛对了，吕子金继续发挥下去。

“一般人很忧心，说主上一定逃不过。有见识的人却认为主上一定会被放回来。一般人说：‘我们惹火了秦国，人家还会放人吗？’君子们却相信：我们知错，秦国就会送还主上。”

——放吗？不放吗？哈哈！我的心意，看你们谁能猜中！

“他们是有理由的。他们说：‘有异心，就逮了他；认错了，就放了他。恩德没有比这更厚的了，刑罚没有比这更严的了。这样，知罪服罪的，感念秦的恩德；三心二意的，畏惧秦的惩罚。经过这次之后，秦的霸主地位是奠定了。当初又是秦国帮助主上得位的，如果立了，又不让他安定，甚至废掉他，不让他继续为君，过去的恩德，不是都变成冤仇了吗？您想想，秦国会这样吗？’”

——暗中被提醒了的、看起来满怀喜悦的秦穆公脱口而出道：

“对了，这正是我的想法啊！”

于是，晋惠公被移进宾馆，以诸侯之礼款待。

原文出处

十月，晋阴饴甥会秦伯，盟于王城。秦伯曰：“晋国和乎？”对曰：“不和。小人耻失其君而悼丧其亲，不惮征缮以立圉也，曰：‘必报雠，宁事戎狄。’君子爱其君而知其罪，不惮征缮以待秦命，曰：‘必报德，有死无二。’以此不和。”秦伯曰：“国谓君何？”对曰：“小人戚，谓之不免。君子恕，以为必归。小人曰：‘我毒秦，秦岂归君？’君子曰：‘我知罪矣，秦必归君。贰而执之，服而舍之，德莫厚焉，刑莫威焉！服者怀德，贰者畏刑。此一役也，秦可以霸。纳而不定，废而不立，以德为怨，秦不其然。'"秦伯曰："是吾心也。"改馆晋侯，馈七牢焉。

（《春秋左传正义》，僖公十五年传，440 页）

04

晋重耳　饱历炎凉成大器

在晋献公那些异母所生的儿子中，他与戎狄的狐姬所生的公子重耳才华最能服众。献公中了骊姬毒计，逼死长子申生，又派宦官勃鞮（又名寺人披）到重耳的封邑蒲城去追杀他，连重耳的衣袖都被斩断了。蒲城人想动武，重耳不肯以受封的土地、人民对抗君父，就逃亡到母亲的娘家——狄国。舅父狐偃、贤臣赵衰等一班才德兼优的人追随着他。

狄国把俘虏回来的一对姊妹送给重耳。重耳娶了妹妹季隗，生了两个男孩。姐姐叔隗就被转赠给赵衰，生下了后来的名臣赵盾。

这样过了十二年，那时重耳的兄弟夷吾已经在秦穆公的帮助下，即位而为晋惠公了。一天，重耳忽然收到外祖父狐突从晋国发来的密报：惠公又要追杀他，派的人又是寺人披！预计三天之内来到。跟着，又来了密报：当天就到了！

重耳赶忙出走，想跑到齐桓公那里求助。临行前匆匆对季隗说：

“请你等我二十五年吧！若那时不回来，你就改嫁吧。”

季隗应答说：

“唉，我二十五岁了，再过二十五年，就要进棺材了。我永远等着你吧。”

*　　*　　*

经过卫国，卫文公根本不接待他。到了郊野，一帮人又饥又疲，向村民讨饭，讨来的竟是泥块！重耳大怒，正要挥鞭打人，狐偃连忙劝开，说：

“好兆头啊！给我们土地，这不是上天的恩赐吗？”

重耳就依他的话，向天下拜。这一年是鲁僖公二十三年（公元前637年）。

*　　*　　*

到了齐国，桓公老了，不想干涉人家的内政，就把女儿齐姜嫁给他，又送了八十匹马。重耳想从此移民定居算了，但跟从的人不同意——这样怎么会有前途呢？他们就在桑树下共商大计，密谋离开。怎知被树上采桑的一个仆妇听到了，她禀告齐姜，齐姜把她杀了，对重耳说：

“男儿志在四方，公子安心去吧。那个听到消息的人，我已经杀了。”

重耳还想推辞，齐姜催促他说：

“公子去吧！贪恋舒适，还成什么大事呢！”

重耳总舍不得走，齐姜就和狐偃他们合谋，灌醉了重耳，送他出了齐国。重耳酒一醒来，气得拿起长戈，就要追刺狐偃。

*　*　*

到了曹国，曹共公听说重耳的肋骨密得连成一块，就趁他沐浴，隔着薄帘（一说是竟然闯了进去）去看他的裸体！

曹国大夫僖负羁的妻子劝丈夫说：

“我看晋公子的几位随员，都是宰相之才。这样一班人都跟着他，帮助他，他一定能够回国，成为诸侯盟主。到那时，要算起账来，无礼的曹国，一定逃不了。我看你还是早点烧烧冷灶，打点打点，留条后路的好。”

僖负羁于是私下备了酒席，连同一块白璧，送给重耳。重耳领谢了酒席，奉还了白璧。

* * *

到了宋国，那时宋襄公想趁齐桓公病死、国内纷乱之际，继起而做盟主，怎知各方面的条件都不够，被楚国打败不说，自己还受了伤。不过，他还是送了二十乘车给重耳。

* * *

到了郑国，郑文公也不加礼待。大夫叔詹劝谏道：

“听说天意要降临，人是阻挡不了的。晋公子有三点不平凡的地方，或者就是天意吧；主公还是礼待他的好。”

哪三点呢?

“第一，向来同姓结婚，后代不会昌盛。晋公子父母都是姬姓，他却健壮安康；第二，晋国没有他，就一直无法安宁；第三，他手下三个人都是了不起的领导人物，却都服服帖帖地跟从他。”

可惜郑文公却一点儿也听不进去。

*　*　*

到楚国，楚成王设宴款待他，却半认真半说笑地询问：

“公子回到晋国，拿什么报答我？”

——报答？

“俊男美女、宝贝丝绸，贵国君早就有了；珍禽异兽，贵国也多得是。丰盛的物产随波流到了晋国，不过是贵国君的剩余物资而已。我能拿些什么东西报答呢？”

但对方还是步步进逼：

“事情或许真是如此吧。不过，我还是想知道公子打算怎样报答我们。”

非摊牌不可了。重耳唯有说：

“托贵国君的福，如果我们能够回国，当然会永远记着贵国的恩惠，希望彼此长期友好；不过，如果事情发展到某个地步，大家都要调兵遣将，北上的贵军和南下的我军相遇于中原，那么，我们一定退避三舍，就是九十里。”

哦——

“如果仍然得不到贵国的允许收兵，那么，我们只有左手拿鞭拿弓，右手带着弓袋箭袋，陪贵国君玩玩了。”

不亢不卑，有礼有体。好！

重耳一番绵里藏针、有分寸、合身份的话，楚国大将军成得臣反而听得不合意，提议杀他。楚王说：

“晋公子志向高、气派大，却又有节制、有修养，举止谈吐，大方得体；他的一班随员，也都严谨而又宽厚，忠诚而又能干。现在晋国君主众叛亲离，内外声誉都不好；我听说他们是周成王幼弟唐叔的苗裔，祖泽深厚，好运气大概会维持得长久吧，莫非将来就是由这位公子领导复兴吗？如果天意要兴旺他，谁能废掉他呢？违背天意，我恐怕有大灾难啊！”

于是楚王就把重耳送到秦国。秦本来就是晋的姻亲，如果由楚帮他北上复国，重耳未必愿意欠这个情；从楚来说，也是投资风险大、回报率低，犯不着嘛。

*　　*　　*

秦穆公又一次投资在晋的公子身上。这次是重耳了。他送给重耳五位美女，其中包括当初许配给晋怀公（惠公夷吾之子、重耳的侄儿）的怀嬴。怀嬴端着脸盆侍奉，重耳洗过了手，就挥手让她离去。她发怒说：

“秦晋是平等的国家，为什么看不起我？”

重耳惧怕起来，就放低了姿态，自我禁闭一番，表示谢罪。

一天，穆公正式宴请重耳。狐偃说：“应付这个大场面，我比不上赵衰那样会讲话，就让他陪着公子出席吧。”那时，隆重的外交场合，宾主双方都要赋诗言志，以作应酬。重耳赋咏了暗示求助渡河返国的《河水》——这首诗后来失传了，穆公“闻弦歌而知雅意”，也就选择了周宣王出征猃狁的《小雅·南有嘉鱼之什·六月》一诗，暗示秦在西周故地，愿意出兵相助。学问好、心思灵敏的赵衰，就立即代表重耳宣告领谢。重耳也立即下阶，叩头拜谢。穆公也下阶一级，表示不敢当。赵衰说：

“国君以辅佐天子的重任托付重耳，重耳怎敢不下拜？”

一次重要的国际合作，就这样达成了。

* * *

鲁僖公二十四年（公元前636年）春天，周历的正月，秦穆公派兵护送重耳回国。到了河边，狐偃呈上玉璧，对重耳说：

“微臣背着马缰绳跟从君主巡行天下，这些年来，一路上得罪的地方恐怕很多，连我自己也知道了，何况君主您呢？请让我从此在您面前消失吧。”

好个世事洞明、人情练达的狐偃！若百余年后，越国大夫文种若也有这个智慧，就会听从范蠡的劝告，急流勇退，而不致“狡兔死，走狗烹”，为勾践所害了！

当然重耳绝不是那个“长颈鸟喙、鹰视狼步”、凉薄寡恩的勾践！他立即挽留狐偃，发誓说：

“如果我不跟舅舅一条心，我就是一去不回的河水！”

说着，就把玉璧投进河里了。

* * *

本来要抗拒秦军的晋兵，变成了欢迎重耳的仪仗队。重耳即位而为文公。当年出走，他是四十三岁，五十五岁到齐，六十一岁到秦，次年回国；奔波流离在外，足足十九个春秋！因为失位失势，饱尝了人间的冷暖。特别是与晋同姓的郑、曹、卫等国，都加以轻慢侮辱；异姓而强大的秦、楚虽然表示礼待，却又明显地利用、要挟。原来已经很有领导才德的他，艰苦备尝，历练饱经，此刻已经是一位大器晚成的诸侯盟主了。

*　　*　　*

不过政治许多时候都是极其残酷的，利害关头，往往所谓“亲人”之间，相斫相仇得比“路人”更惨烈！当年共遭骊姬之难的异母弟夷吾即位成了晋惠公，就屡屡追杀重耳；现在他的儿子圉（晋怀公）也在文公即位之际，就被杀了。

公子圉一死，原本是惠、怀旧人的郤芮、吕甥，就是当日说服秦穆公放还晋惠公的那一位吕子金都恐怕祸及自身，就计划火焚宫殿，害死文公。当年奉命追杀重耳的寺人披，也参与了计划。但他盘算一番后，就跑到文公那里求见。

“你还有胆子和脸面来见我呀！”

文公拒不接见，并且派人斥责他说：

“当年在蒲城，献公命你明晚来，你当晚就到。后来我在狄国，你又替惠公来杀我。给你的期限是三天，你一天就来了！虽然那时你是奉命，可是也不必这么快、这么狠吧？你看，当年被你斩下的衣袖还在呢！不是缩得快、跑得快，我手也没有了，命也没有了！现在不立即算账，已经是便宜你了，你滚蛋吧！”

寺人披回答说：

“微臣以为君侯这次回来，已经成熟了，明白事理了；如果还不明白，恐怕灾难仍然不断呢！我们当差的，就只知道心无二念，执行任务，这是从古以来的规矩。君主讨厌什么，我就尽力替他除去。什么蒲城人、狄人，我全不当回事。现在君侯是我国的元首了，难道完全没有政治上的敌人，没有另一个蒲城、另一个狄国吗？”

对呀！这太监就是一头只知忠于主人的猛犬！现在自己正需要这样一头猛犬，猛犬也要讲讲历史，以人为鉴了。

“当年齐桓公和兄弟公子纠争位，管仲一箭几乎把他射个前心后背通透。桓公得位，不但不记旧仇，还用他为相，成就了霸业。现在君侯的做法如果和桓公相反，那么，不必驱逐，微臣自己会离开。恐怕离开的，还不只是我这个受过宫刑的太监！”

对，正在用人之际。于是文公就接见了他，知道了郄、吕等人的计划，便秘密到了秦国。果然一天晚上，晋宫大火，郄、吕二人搜遍了殿室，都找不到文公。他们赶到黄河边，大抵是打算告诉秦穆公，请他再一次另立新君吧。穆公佯装同意，把他们诱入秦境杀了。

*　　*　　*

文公回晋，带回怀嬴夫人和陪嫁以充实禁卫的三千士兵。这支深入晋国权力中心的部队，是不是另有作用，晋文、秦穆都是英明无比的霸主，彼此心里都一定是有数的。

心里的事有时没人能知。文公当年有个近身小仆，名叫头须，就在他们匆忙离狄之时，挟带财物跑了。据说他后来就用这些财物帮助重耳回国。头须这时也来求谒，文公推说正在洗头，不能见他。头须说：

"难怪！难怪！洗头的时候，头弯下来，心也倒转，难怪思想也颠倒，所以不肯见我了。其实忠臣不止一种：跑到外边的，是替主人办事，留在这里的，是替主人守着社稷根本，不是都有功劳吗？何必独要加罪留守的人呢？高高在上的一位国君，却要对一个匹夫平民追仇记恨，那不是吓怕了更多的人吗？"

文公听了仆人传告的话，便重新收容了他，还让他跟随着到处出现，于是安心归顺文公的人就更多了。

原文出处

晋公子重耳之及于难也，晋人伐诸蒲城。蒲城人欲战，重耳不可，曰："保君父之命而享其生禄，于是乎得人。有人而校，罪莫大焉。吾其奔也。"遂奔狄。从者狐偃、赵衰、颠颉、魏武子、司空季子。狄人伐廧咎如，获其二女叔隗、季隗，纳诸公子。公子取季隗，生伯儵、叔刘；以叔隗妻赵衰，生盾。将适齐，谓季隗曰："待我二十五年，不来而后嫁。"对曰："我二十五年矣，又如是而嫁，则就木焉。请待子。"处狄十二年而行。过卫，卫文公不礼焉。出于五鹿，乞食于野人，野人与之块，公子怒，欲鞭之。子犯曰："天赐也。"稽首，受而载之。

及齐，齐桓公妻之，有马二十乘，公子安之，从者以为不可。将行，谋于桑下，蚕妾在其上，以告姜氏，姜氏杀之，而谓公子曰："子有四方之志，其闻之者吾杀之矣。"公子曰："无之。"姜曰："行也，怀与安，实败名。"公子不可，姜与子犯谋，醉而遣之。醒，以戈逐子犯。

及曹，曹共公闻其骈胁，欲观其裸。浴，薄而观之。僖负羁之妻曰："吾观晋公子之从者，皆足以相国，若以相，夫子必反其国。反其国，必得志于诸侯。得志于诸侯而诛无礼，曹其首也。子盍蚤自贰焉。"乃馈盘飧，置璧焉。公子受飧反璧。

及宋，宋襄公赠之以马二十乘。及郑，郑文公亦不礼焉，叔詹谏曰："臣闻天之所启，人弗及也。晋公子有三焉，天其或者将建诸，君其礼焉。男女同姓，其生不蕃，晋公子，姬出也，而至于今，一也。离外之患，而天不靖晋国，殆将启之，二也。有三士足以上人，而从之，三也。晋郑同侪，其过子弟，固将礼焉，况天之所启乎？"弗听。

及楚，楚子飨之，曰："公子若反晋国，则何以报不慑？"对曰："子女玉帛则君有之，羽毛齿革则君地生焉。其波及晋国者，君之余也，其何以报君？"对曰："虽然，何以报我？”对曰：“若以君之灵，得反晋国，晋楚治兵，遇于中原，其辟君三舍。若不获命，其左执鞭弭，右属櫜鞬，以与君周旋。”子玉请杀之。楚子曰：“晋公子广而俭，文而有礼。其从者肃而宽，忠而能力。晋侯无亲，外内恶之。吾闻姬姓，唐叔之后，其后衰者也，其将由晋公子乎！天将兴之，谁能废之？违天必有大咎。”乃送诸秦。秦伯纳女五人，怀嬴与焉。奉匜沃盥，既而挥之。怒曰：“秦晋匹也，何以卑我！”公子惧，降服而囚。他日，公享之，子犯曰：“吾不如衰之文也，请使衰从。”公子赋河水，公赋六月，赵衰曰：“重耳拜赐。”公子降，拜，稽首，公降一级而辞焉。衰曰：“君称所以佐天子者命重耳，重耳敢不拜？”

二十四年，春，王正月，秦伯纳之，不书，不告入也。及河，子犯以璧授公子曰：“臣负羁绁从君巡于天下，臣之罪甚多矣。臣犹知之，而况君乎！请由此亡。”公子曰：“所不与舅氏同心者，有如白水。”投其璧于河。

济河，围令狐，入桑泉，取臼衰。二月，甲午，晋师军于庐柳。秦伯使公子絷如晋师，师退，军于郇。辛丑，狐偃及秦晋之大夫盟于郇。壬寅，公子入于晋师。丙午，入于曲沃。丁未，朝于武宫。戊申，使杀怀公于高梁。不书，亦不告也。吕、郤畏逼，将焚公宫而弑晋侯。寺人披请见，公使让之，且辞焉，曰：“蒲城之役，君命一宿，女即至。其后余从狄君以田渭滨，女为惠公来求杀余，命女三宿，女中宿至。虽有君命，何其速也。夫袪犹在，女其行乎。”对曰：“臣谓君之入也，其知之矣。若犹未也，又将及难。君命无二，古之制也。除君之恶，唯力是视，蒲人、狄人，余何有焉。今君即位，其无蒲、狄乎？齐桓公置射钩而使管仲相，君若易之，何辱命焉？行者甚众，岂唯刑臣。”公见之，以难告。三月，晋侯潜会秦伯于王城。己丑晦，公宫火。瑕甥、郤芮不获公，乃如河上，秦伯诱而杀之。晋侯逆夫人嬴氏以归。秦伯送卫于晋三千人，实纪纲之仆。

初，晋侯之竖头须，守藏者也。其出也，窃藏以逃，尽用以求纳之，及入，求见，公辞焉以沐。谓仆人曰：“沐则心覆，心覆则图反，宜吾不得见也，居者为社稷之守，行者为羁绁之仆，其亦可也，何必罪居者？国君而仇匹夫，惧者甚众矣。”仆人以告，公遽见之。

（《春秋左传正义》，僖公二十三年、二十四年传，469 页）

05

烛之武　老谋深算解重围

晋文公继承齐桓公“尊王攘夷”“挟天子以令诸侯”的霸主事业，努力阻遏变强的楚国北上中原之势。郑国居于华夏诸侯之列，却在晋楚城濮大战前夕，偷偷和楚通好。押错了宝的郑文公，在此之前至少已经做过一件他以为没什么，其实却是大错特错的事，狗眼看人低，瞧不起当年落难流亡的公子重耳，态度冷淡，不理不睬。旧恨新仇，公愤私怨，晋文公于是大兴问罪之师，要一并清算。

西方强大的秦国，这时也应邀出兵；因为两国是姻亲兼盟国、盟友加伙伴的关系。这是鲁僖公三十年（公元前630年）的事。

郑国于是就被包围了。弱小的郑经不起任何一个超级大国的一击，更何况是两国？不过，也幸好是两国。两国，中间就必然有矛盾，有恩怨利害。至少，这两国，是两军，并不是统一指挥的联合部队。且看他两国之君分别督师，谁也不能号令谁，一个驻扎在西，一个集结于北，正像两头凶猛大猫，注视着同一只老鼠，准备扑杀。

北方那头是真正既怨且怒的猫，无话可说。至于西方那头，或者可以劝说。

问题是让谁去说。

“烛之武吧。他有办法。”大夫佚之狐提议。

郑文公就亲自去邀请。

还好不是“召见”，是亲自来请，不过，老先生还是心头打翻了五味架。多年来的怀才不遇，多年来的冷眼相加。

“多谢主公您的好意了！只可惜下臣年轻力壮的时候，还是什么都比不上别人；现在老了，不中用了！”

酸酸的、推辞的话，郑文公还是听得懂的。时间的累积，加上国难当头，他也不敢再无礼了，赶忙道歉说：

“这都是寡人不对啊！寡人不能及早重用先生，现在事情急了才来求先生帮助，就请原谅我这个愧为人君者的过失吧。再说，郑国如果亡了，不是大家都没好处吗？还是请先生再考虑考虑吧。”

话真是说得入情入理。到底是一国之君嘛，都亲自来邀请，亲口道歉了。到底是自己的祖国，都危在旦夕了。烛之武最后就只好答应了。

* * *

晚上。

黑沉沉，一片死寂。

刁斗森严，被困的孤城上偷偷地吊下了临危受命的老人家——烛之武。

为祖国死里求生的使者，见到了一念可以决人国于生死的霸者。

要说话了。

没有可能长篇大论地说话，霸者是不耐烦的。

没有必要说乞怜哀恳的话，霸者是嗜血的。

似乎也无从谈什么条件。如石击卵，一下子，什么都是他们的了。

对。是“他们”的了，不等于是“他”的了。

就在这里想办法。

办法，早在缒城而出之前，已经想好。

“秦、晋一同包围我们郑国，郑国是死定了。谁都知道，我们也无话可说。”

——奇怪！这个人既不乞怜求饶，也不讨价还价，他要说什么？一代雄主，于是有兴趣听下去。

“倘若郑国亡了，对贵国真正有益，那就请动手吧。不过，要跳过中间一个大国而接收、统治远方的疆土，您一定知道是怎样的困难吧？那又何必劳师动众远征，灭了郑国，只便宜了在贵我两国之间的、贵国旁边那个大国呢？邻国肥了，不就等于贵国瘦了吗？”

——对啊！有道理。我一向担心的就是这个。

“反过来说，如果贵国放过我们，让我们担当贵国东方路上的接待者，贵国一切外派人员经过这边的，都由我们照应，这样也没有什么不好吧？”

——对，不错，也不错。秦穆公的脸色是越来越和缓了。

“还有，唉！下臣也不想说。不过，许多人都说过了，许多人都替贵国觉得不值，特别是替国君您感到不值。好心得不到最低限度的、合理的报答，更不要说好报了，贵国不是帮过晋国君主许多大忙吗？他们许诺以五座城池作为酬报，怎知早上你们帮他们渡过黄河，黄昏他们就筑起墙来，你们连望一望都不成了！您是宽怀大量的，不过，这些忘恩负义的事，要人忘记，实在很难呢！”

——是啊！是啊！夷吾这帮混蛋，我看走了眼。重耳是好多了。不过也还是难搞，到底是晋国人嘛。

“唉！那个晋国嘛！又怎会餍足呢？吞并了南方的郑，下一步自然是‘奔向西方’，要向西扩展。不欺负你们，土地往哪里找呀？”

——真的，真的要提防啊！

“要说的话，下臣已经说完了，要不要损了秦国，肥了晋国，请您考虑考虑吧。”

——还用考虑吗？这位老先生的话，倒也合情合理，不花不假。他短短一番话，提到了我们九次，次次都说到了我们根本的利益。真的很清楚，亡了郑国，只便宜了晋国；强了晋国，等于是弱了秦国。反之，保存郑国，作为自己东边的一颗棋子，牵制着晋国，也不坏呀！晋国的人，确实好几次背信弃义，也确实有威胁。就这样吧。

于是，秦郑（是“郑”，不是“晋”）又缔结了友好互惠条约。依约，一批秦兵，在杞子、逢孙、杨孙统领之下，组成“军事顾问团”，驻守在郑国，以照顾“彼此的共同利益”。

郑国，是被放过了。当然，也并不是真正被放过了。

晋文公自然也并不想就此罢休。事出突然，晋国君臣都十分愤怒。连在那十九年流亡岁月中，屡屡劝止公子重耳冲动的狐偃，这次也主张要打。打郑国，也免不了要打秦军。凡是侵犯晋国利益的都要打。

这次反而是重耳，现在是老成睿智的晋文公了，劝止了大家。此刻不是翻脸的时候。

“不可以打。我们有能力打，还是当初人家帮助的结果呢。有力量了，就回过头打人家，这是不厚道。不打，好歹还是盟国，一打，就撕破脸了，这是不聪明。原本是矛头一致，一打，就自相攻击，乱了方向，这是不合军事原则的。

“对了。晋与秦不是攻守同盟吗？他们退兵，我们也退兵好了。”

漂亮的下台阶找到了。账，以后有机会再算吧。

原文出处

九月甲午，晋侯、秦伯围郑，以其无礼于晋，且贰于楚也。晋军函陵，秦军氾南。佚之狐言于郑伯曰："国危矣，若使烛之武见秦君，师必退。"公从之。辞曰："臣之壮也，犹不如人，今老矣，无能为也已。"公曰："吾不能早用子，今急而求子，是寡人之过也。然郑亡，子亦有不利焉。"许之。夜，缒而出，见秦伯曰："秦、晋围郑，郑既知亡矣。若亡郑而有益于君，敢以烦执事。越国以鄙远，君知其难也，焉用亡郑以倍邻？邻之厚，君之薄也。若舍郑以为东道主，行李之往来，共其乏困，君亦无所害。且君尝为晋君赐矣，许君焦、瑕，朝济而夕设版焉，君之所知也。夫晋，何厌之有？既东封郑，又欲肆其西封，不阙秦，焉取之？阙秦以利晋，惟君图之。"秦伯说，与郑人盟，使杞子、逢孙、杨孙戍之，乃还。子犯请击之，公曰："不可。微夫人之力不及此。因人之力而敝之，不仁；失其所与，不知；以乱易整，不武。吾其还也。"亦去之。

（《春秋左传正义》，僖公三十年传，532 页）

06

秦与晋　和战恩仇争霸业

春秋五霸的功业，开始者是首创“尊王攘夷”的齐桓公；不汤不水，以失败收场的是宋襄公；以南犯北、问鼎中原的是楚庄王；不能东进，只霸于西方的是秦穆公；“挟天子以令诸侯”，把“尊周室，攘夷狄”的伟业推到最高峰的是晋文公。

楚军北侵，晋文公因为当年流亡在外，曾蒙楚君招待，答应“退避三舍”以相报，这时就真的退让九十里，到了城濮，然后反攻，大获全胜。诸侯一致推服，在周天子代表的见证之下，结盟于践土，晋文公成为威震天下的盟主。

文公去世还没有安葬，继位者襄公就西挫强秦，南抑劲楚，使中原有了一个相对安定的局面。后来晋分裂成赵、魏、韩三国，前二者在战国前期还很强大，可见晋的余威之盛、国力之厚。

话说公元前630年，秦晋围郑的联合行动，因烛之武一番动人的话宣告瓦解；过了一年多，晋文公病死，出殡的时候，棺材忽然抬不动，里面发出牛叫般的声音！掌管占卜的官就叫群臣下拜，说：

“君主现在临走了，有重要的消息要大家留意：

“不久，西方会有军队越过我们边境。打他！一定得胜。”

真的是晋文公显灵呢？还是荀子所谓“君子以为文，百姓以为神”，主政者借着宗教鬼神的力量，警醒人心，振奋士气，凝聚力量，以准备打击迟早会来的敌人呢？读历史的人想想好了。

那个不点明的“西方敌人”，自然是秦国，晋的姻亲，文公的妻子、襄公的母亲怀嬴的父亲，也就是秦穆公。

秦穆公刚好收到“卧底”于郑国的将军杞子的密报：

“郑国竟叫我掌管北门的防务。偷偷派兵来吧，里应外合，郑国就是我们的了。”

穆公大喜，姑且问问老贤臣蹇叔的意见。

怎知蹇叔真的反对，说：

“我看不是办法吧？军队走得疲倦，人家又早有准备，恐怕占不到便宜。白白辛苦一番，恐怕军心还会不稳呢！军队走动千余里，想人不发觉，行吗？”

太啰唆！不中听！穆公对晋国、对蹇叔都没有耐心，就任命贤相百里奚的儿子孟明视为主帅，西乞术、白乙丙为副帅，浩浩荡荡，直出东门而去。

忽然有位老头子哭着来送行，原来是蹇叔：

“孟先生啊！我见到大军出发，见不到大军回来了！”

穆公大不高兴，使人责备老人家说：

“你真是乌鸦嘴！对啊，见不到大军回来，是你自己早就死了啊！你实在太老，老得痴呆了！如果你六七十岁的时候就死，现在你墓上的树木，已经大得可以合抱了！你实在太老了！”

是的，他们都老了，老得控制不了自己。贤臣蹇叔，为忧国忧民而控制不了自己；君主穆公，图霸心切而控制不了自己。蹇叔哭着对随军出发的儿子说：

“晋人要截击我们，一定是在殽山。那里有两座高地：南边的，是夏王的坟地，北边的，是当年周文王躲避风雨之处，都是既险要又多幽灵的地方。你们要小心啊！搞不好，你们全死在那里！唉！唉！我看要到那里替你执骨了！”

带着霸主的命令，带着年轻人的骄狂，也带着些许忐忑与迷惘，三位将领，领着三百多乘兵车，两万多名甲兵，向梦寐以求的中原，东扑过去。

一过去就是荏弱不堪，而仍然号称是天下共主的周。轻快敏捷的秦军，经过洛邑的北门。依照礼制，兵车左右的军士，要把武器放在车上，除下头盔，脱了护甲，下车步行，以示敬意，表示不敢与周天子为敌。现在，秦军是大不耐烦这些"繁文缛节"了，他们草草地除一下盔，稍一下车，车还未尽过都门，他们便急急跑步跳跃上去，又轻佻，又自觉勇武。那时周朝有位王孙满，年纪还小，看见秦军走过的状态，就对周王说：

"秦军又轻率、又无礼，一定会失败！轻率，就不会审慎周详；无礼，就一定军纪松弛。他们进入险地，却粗心大意，没有谋略，要不失败，难了！"

秦军到了滑国，有位郑国商人弦高，刚好到周做生意，经过这里，就立即拿了四张熟牛皮做引礼，十二头牛做主礼，自称代表郑国，犒劳秦军。他说：

"敝国国君听闻先生们要经过敝国，敬请各位接受犒劳。敝国并不富有，不过能招待贵国大军，实在十分荣幸。敝国准备如果大军停留一天，就供应一天的军粮；如果不停留而继续行程，就供应一晚的警卫，让各位休息休息。”

这是委婉得体的欢迎辞，也是严阵以待的警告书。你们的行踪，我们都知道了；应付突袭的反击战，我们都准备好了。就看你们怎么来了。

这位从此流芳百世的爱国商人，一面安抚秦师，一面急告郑穆公。穆公就派人到秦国驻郑的军事顾问团那里去，一看，果然东西都捆扎装载，兵器都磨得光闪闪的，马匹都已喂饱，显而易见是准备大干一场了！

他就派皇武子去送行，说：

“啊，原来大家准备离开了。大家在敝国也耽搁了好一段时间，各种肉食都差不多吃光了吧？敝国有个‘原圃’，就像贵国的‘具囿’一般，都是打猎的好地方啊。请你们顺路到那里散散心，打些麋鹿吃吃，也让敝国休息休息吧，怎么样？”

名为辞别，名为为招待不周而道歉，实则是强硬的逐客令。意思很明白：我们一向尽力招待，想不到你们真的包藏祸心，竟要偷袭！现在我们什么都发现了，你们快走吧！

不过，话还是说得极委婉。心里有鬼的驻郑秦军三大将领——杞子、逢孙、杨孙就分别逃往东方的齐、宋。为什么不向西，和按计划东进的秦军碰头呢？大概就是害怕阴谋已经完全败露，郑国（甚至晋国）军队已经在企图里应与外合者之间截击了吧。

秦军现在也知道郑国有备了。只是当初预备偷袭，预备有内应，所以兵力不多，要围城迫降，接济供应又跟不上，实在没有取胜的把握，唯有立即退军，顺手灭了那个又小又毫无准备的、可怜的滑国。

也算是带着一些战利品吧，秦军要“凯旋”回国了，可惜他们差点儿永远回不了国。

一路上看着、忍着的晋国，此刻要扑出来，做拦路之虎了！

虎将先轸，向来是晋国朝中“鹰派”的领袖，他极力主张立即开战：

“秦君违背了蹇叔老成持重的意见，以贪念驱百姓来侵略。这支不义之师，是公道的上天送给我们打的。天赐的不要放弃，敌人不要放过；放过了敌人，一定有后患，违背了天意一定不祥。一句话，一定要打秦兵！”

“鸽派”大臣栾枝仍然主张多观望考虑一下。多年来秦国对晋国屡屡立君、赈灾，这些恩惠还未完全报答；现在晋文公刚刚过世，就攻击他的岳丈秦穆公，似乎真的是当他死了就是死了，无知无觉，后人怎么办都可以的样子。先轸驳斥道：

“秦国不仅没有吊祭我们先君之丧，还侵灭我们同姓的滑国，这是秦国的野蛮本质，谈什么对我们的恩惠呢？我听说：‘放过敌人一天，招致后患百世。’我们现在动手，是替子孙打算，怎会对不起先君在天之灵呢？”

晋国于是就出兵了。

这时继位者襄公还在父丧期间，为免不吉利、不方便，就穿上了染黑的丧服，亲自领兵，动员当初被秦人追逐而收容于晋惠公的姜戎，组成部队助战，在秦兵归途上埋伏包围，迎头痛击，以逸待劳，以多攻少，杀得秦兵片甲不留，三大统帅也全都变成了俘虏，地点就在殽山。

凯旋回京，就准备安葬文公，以三名秦军元帅作为活祭，以安慰答谢先君在天之灵。

先君的妻子怀嬴早已心有不安。娘家与夫家的冲突、决裂，把怀嬴（襄公母后）的心撕碎了。此刻，她就向儿子提议：

“弄得两国领袖亲家成仇的，是这三个好战的家伙！我们秦国国君如果抓到他们，就是把他们的肉吃了，也还不足以解恨呢！何必劳动大家？干脆把他们赶回去，让他们被自己人宰杀，让大家在这边和你外祖父同样快意，怎么样？”

——听起来满有道理嘛。讲这话的又是母亲，做儿子的，而且是还不够老练的襄公，这时怎能说“不”？

“不！怎么可以这样？”到先轸上朝，见不到那三名重要俘虏，一问起，原来已经放了，就大大地冒火，也不顾君臣之礼了，就对襄公咆哮：

“军士们费尽了力气，才在疆场上生擒这批混蛋，一个女人轻轻几句话，就放回敌国！胜利的成果损失了，敌人白白便宜了，这样搞，恐怕最终有一天就连国家也亡了！”

越说越气，就一大口唾沫吐了过去！

将军阳处父奉命快马追赶，那三名秦将已经在黄河船上了。阳处父解下左边的马，假托是襄公所赠，请他们上来接受。对方没中计，孟明视还在船上叩头致谢说：

“十分感谢贵国国君的恩惠，不把我们三个罪犯杀了祭鼓，让我们回国受刑。我们丧师辱国，敝国国君把我们处死，死了也是名留青史，不枉此生。如果依照贵国国君施恩的例子而赦免了我们，三年后再来正式拜谢吧！”

原文出处

冬，晋文公卒。庚辰，将殡于曲沃，出绛，柩有声如牛。卜偃使大夫拜，曰：“君命大事，将有西师过轶我，击之，必大捷焉。”杞子自郑使告于秦曰：“郑人使我掌其北门之管，若潜师以来，国可得也。”穆公访诸蹇叔，蹇叔曰：“劳师以袭远，非所闻也。师劳力竭，远主备之，无乃不可乎？师之所为，郑必知之，勤而无所，必有悖心。且行千里，其谁不知？”公辞焉，召孟明、西乞、白乙，使出师于东门之外。蹇叔哭之，曰：“孟子！吾见师之出而不见其入也！”公使谓之曰：“尔何知？中寿，尔墓之木拱矣。”蹇叔之子与师，哭而送之，曰：“晋人御师必于殽，殽有二陵焉。其南陵，夏后皋之墓也；其北陵，文王之所辟风雨也。必死是间，余收尔骨焉！”秦师遂东。

（《春秋左传正义》，僖公三十二年传，540 页）

三十三年春，秦师过周北门，左右免胄而下，超乘者三百乘。王孙满尚幼，观之，言于王曰："秦师轻而无礼，必败。轻则寡谋，无礼则脱。入险而脱，又不能谋，能无败乎？"

及滑，郑商人弦高将市于周，遇之。以乘韦先，牛十二，犒师，曰："寡君闻吾子将步师出于敝邑，敢犒从者。不腆敝邑，为从者之淹，居则具一日之积，行则备一夕之卫。"且使遽告于郑。郑穆公使视客馆，则束载、厉兵、秣马矣。使皇武子辞焉，曰："吾子淹久于敝邑，唯是脯资、饩牵竭矣，为吾子之将行也，郑之有原圃，犹秦之有具囿也，吾子取其麋鹿，以闲敝邑，若何？"杞子奔齐，逢孙、杨孙奔宋。孟明曰："郑有备矣，不可冀也。攻之不克，围之不继，吾其还也。"灭滑而还。

……

晋原轸曰："秦违蹇叔，而以贪勤民，天奉我也。奉不可失，敌不可纵，纵敌，患生；违天，不祥，必伐秦师！"栾枝曰："未报秦施，而伐其师，其为死君乎？"先轸曰："秦不哀吾丧，而伐吾同姓，秦则无礼，何施之为？吾闻之：'一日纵敌，数世之患也。'谋及子孙，可谓死君乎！"遂发命，遽兴姜戎。子墨衰绖，梁弘御戎，莱驹为右。

夏四月辛巳，败秦师于殽，获百里孟明视、西乞术、白乙丙以归。遂墨以葬文公，晋于是始墨。文嬴请三帅，曰："彼实构吾二君，寡君若得而食之，不厌，君何辱讨焉？使归就戮于秦，以逞寡君之志，若何？"公许之。先轸朝，问秦囚。公曰："夫人请之，吾舍之矣。"先轸怒，曰："武夫力而拘诸原，妇人暂而免诸国，堕军实而长寇雠，亡无日矣！"不顾而唾。公使阳处父追之，及诸河，则在舟中矣。释左骖，以公命赠孟明。孟明稽首曰："君之惠，不以累臣衅鼓，使归就戮于秦，寡君之以为戮，死且不朽。若从君惠而免之，三年将拜君赐。"

（《春秋左传正义》，僖公三十三年传，544 页）

07

秦穆公　责任肩承显风范

秦国偷袭和消灭郑国，无功而还，反落得被晋国拦路截击，全军覆没。败讯震动朝野，自然有不少聪明伶俐的臣子，用各种动听的理由，替君主开脱，譬如说：“最高决策一贯正确，只是执行者理解不清，办事不力。”或者说：“负责情报的官员应当引咎自尽，至少应该革职，因为他们误导了神武英明的领袖。”又或者说：“那三名败军之将活着回来，简直是羞耻！不过，正好把他们明正典刑，以儆效尤，以做鉴戒。”等。总之，主公，始终是英明的。

秦穆公确实是英明的，因为他完全不听这一套；他把责任归到自己身上。他对自己动了过分的贪念，不听老臣谏言，误信逢迎上意、好大喜功者的提议，以致兵败将亡、三帅被俘，感到十分愧悔。他穿了素白的丧服，亲自到郊野迎接仓皇遁回的孟明视、西乞术、白乙丙，哭着向大家说：

“孤家不听蹇叔的忠言，令大家蒙受败亡的耻辱，这都是孤家的罪过！

“一切都是孤家的罪过，纵使将士们临阵大意，那过失也掩盖不了他们多年来的功绩！”

在悼念阵亡将士大会上，秦穆公发表了一篇感人的誓词，这就是《尚书》的最后一篇，后来《四书》之一的《大学》也引述了这篇《秦誓》，穆公向秦国上下检讨过去，策励未来，为再度出征而誓师：

“大家请静听，我要和大家讲些重要的话。

“古人说过，人都喜欢随心任意，许多过错就是由此而生。我们责怪别人很容易，被人责怪，而能从善如流，那就难了。我所忧心的是：日子过去就不能回来，要补偿过失，机会不会太多，真的要好好把握。

“往日的谋臣，我已经不能再接近；如今的谋臣，就只有多见些面，多参考他们的意见了。话虽如此，长者的意见，我还是要多多请教，这样才不会有大差错。

“白发苍苍的臣子，体力是衰退了，我还是要亲近。年轻力壮的人，射箭、驾车的本领都不差，我却不能就此便对他们满意——很简单，如果他们花言巧语，弄得君主晕头转向，我又怎能信任他们呢？

“我常常暗想：如果有位臣子老老实实的，看来没有什么特别才华，只是心里充满了善念，胸襟开阔，能够容纳人才，看到人家有长处，就好像自己有长处一般高兴，心口如一地欣赏人家的本领，那么，这样的人，我确实要重用他。

有了他，我们的国家才会贤能辈出，我们的百姓、我们的后代才有希望。

“反过来说，如果看到人家有长处，就满心妒忌，人家有智慧聪明，就千方百计阻挠人家出头露角，这样的人，我一定不容，免得他阻塞贤路，累了国家，累了天下后世！

“说到底，国家不安宁，责任就在君主；国家安定繁荣，也就是君主的喜庆！”

*　*　*

那时晋国先轸因为自己太激动了，侮辱了襄公，很觉愧疚，就在一次领兵攻打狄人时，除去套巾，直冲敌阵，让狄人把自己射死，算是服了辱君之罪。襄公大为哀惜，厚加安葬，并且任命他的儿子先且居为元帅，击败了秦帅孟明视的袭击，后来又联合宋、陈、郑三国攻秦，占了两座城池。

即使一败再败，秦穆公还是信任孟明视；君臣都痛自检讨，继续奋发。公元前624年春夏之间，穆公与孟明视带兵渡过黄河，烧掉了回去的舟楫，以示不胜无归。晋军畏惧秦兵的锐气，不敢迎击。秦军在殽山收拾了当年大败伏尸荒野者的骸骨，就地安葬，军队回国后，秦就在西戎之中称霸了。

原文出处

秦伯素服郊次，乡师而哭，曰："孤违蹇叔，以辱二三子，孤之罪也。"不替孟明，曰："孤之过也，大夫何罪？且吾不以一眚掩大德。"

（《春秋左传正义》，僖公三十三年，547 页）

公曰："嗟！我士，听，无哗。予誓告汝群言之首。

"古人有言曰：'民讫自若，是多盘。'责人斯无难，惟受责俾如流，是惟艰哉！我心之忧，日月逾迈，若弗云来。

"惟古之谋人，则曰未就予忌；惟今之谋人，姑将以为亲。虽则云然，尚猷询兹黄发，则罔所愆。番番良士，旅力既愆，我尚有之；仡仡勇夫，射御不违，我尚不欲。惟截截善谝言，俾君子易辞，我皇多有之！

"昧昧我思之，如有一介臣，断断猗，无他伎，其心休休焉，其如有容。人之有技，若己有之。人之彦圣，其心好之，不啻若自其口出，是能容之。以保我子孙黎民，亦职有利哉！人之有技，冒疾以恶之。人之彦圣，而违之，俾不达。是不能容，以不能保我子孙黎民，亦曰殆哉！

"邦之杌陧，曰由一人；邦之荣怀，亦尚一人之庆。"

（十三经注疏整理委员会整理：《秦誓》，见《尚书正义》，668页，北京：北京大学出版社，2000年）

08

齐国佐　负重求和完使命

孝是好的，但为了表示自己的孝意，而损害他人，就可能闯出大祸。

富贵子弟往往骄纵任性，齐顷公做了国君后尤其如此。公元前 597 年，楚国败晋于邲，顷公就想代为霸主，但他倒行逆施，又侵伐邻国，又与楚通好，晋齐关系就紧张了起来。

公元前 592 年，晋大夫郤克与齐国邻近的鲁、卫、曹三邦使者，联袂到齐，邀请会盟。郤克眇一目，鲁使者秃头，卫使者跛，曹使者驼背，齐顷公一见就觉得好笑，也不知君子风度，更不要说“君主风度”了，和人家的尊严为何物。他找得有同样缺陷的几个人来，分别为四位使者御车，以供躲在帷幕后面的母亲萧同叔子“欣赏”。那位所谓“母后”和一班后宫妇女，看见单眼的御单眼的，秃头的御秃头的，跛脚的御跛脚的，驼背的御驼背的，真是一幕奇景、一场活剧，不由得哈哈大笑。四国使者都极为愤怒，郤克更讲了狠话：

“不报此仇，誓不过河！”

不久，楚国北侵之势因庄王之死而稍缓，齐顷公就攻鲁败卫，直接与两国背后的晋国起了冲突。当时郤克已经当了晋的主帅，就率领八百乘兵车，联合鲁、卫、曹三国军队，在鞍地苦斗一番之后，大败齐军，追入齐境，顷公仅以身免。

顷公派国佐宾媚人献上宝物，退还所侵鲁、卫土地，要求停战；并说如果不接纳，就再次开战，奉陪到底。满怀恨意的郤克提出条件：

第二点是要齐国把境内的陇亩道路完全改为东西方向，以便将来晋军可以长驱直入。

第一点更不可思议：要以萧同叔子为人质——很简单，你当初侮辱我们来取悦你的母亲，现在就要侮辱你的母亲来侮辱你。

面对这两项苛刻到近乎无理的条件，战争本来就往往无理可讲，宾媚人，这位齐的国佐——国务助理该怎么办？

“要报仇，可以；但不能以不孝号令天下。”这是对第一点的答覆。他说：

“相信贵方也知道萧同叔子不是别人，乃是敝国国君的母亲，和贵国君王的母亲地位相等。贵国领导诸侯，而要人家以母亲做抵押，对崇德尚礼的周天子的伟大任命，你们怎样交代呢？这不等于是以‘不孝’来号召天下吗？《诗篇》说：‘孝子的爱心永不缺少，丰盛得可以送给同类。’贵国的要求，恐怕并非合乎道德原则吧？”

尊王、崇德、尚孝，以及《诗篇》（后来所谓的《诗经》）教训，在当时还是价值标准。他接着说：

“至于第二点，先王划分田土疆界，因应地理条件，而做有利布置，所以《诗篇》说：‘我们的疆土，我们管理；陇亩阡陌，或者由南至北，或者自东而西。’贵国现在只顾自己兵车的方便，不顾我们地势的实际情况，结果使土地无法灌溉，民生受到妨碍，这恐怕不是先王政令的本意吧？违反先王之命，又怎可以做盟主呢？其他国家又怎会心悦诚服呢？”

宾媚人还进一步用先王的典范，奉劝了对方一番：

“让我们看看：禹、汤、文、武四位王者领导天下，都树立了道德典范，满足了大家的共同理想。三代的诸侯领袖，也都是辛勤地安抚各国，大家为执行天子的任命而共同努力。《诗篇》说得好：‘和平宽大以推广政令，一切福禄都会丰盛！’如果贵国违背了和平宽大的原则，只知满足自己的欲望，那就是贵国自己放弃天赐的福禄了，这样，最后受害的只是贵国自己，和其他诸侯有什么相干呢？”

话说得差不多了，对方仍然不肯讲和，怎么办？

“那就让我们收拾残余，重整力量，背靠着自己的城墙，以藉势一战吧！

“当然，即使这次好运气转而降临到敝国，敝国还是听候贵国的吩咐（和解）的；如果不幸再次打败，那就更无话可说了。”

这个时候，鲁、卫等国既已得回失地，又怕再战胜负难料，而且从长远来看，吃亏的总是自己这些小邦，因此就劝晋国说：

“算了吧。他们的伤亡已经惨重，再打，仇恨就更深了。现在贵国已经得了他们的国宝，我们也幸得贵国纾解了被侵的困迫，大家都算有面子了。晋、齐都是大国，谁胜谁败，恐怕有天意。天意的变化，也常常很难预料呢！”

是的。得些好意须回首，还是算了吧，免得这宝贝齐君投到楚的怀抱，那样我们的麻烦就更大了。

“好吧。我们一班臣子，也不过是带了兵车，为同姓的鲁、卫求个公道。如果有话可以回去向敝国主公覆命，就是贵国的惠赐了。贵国怎么说，就怎么办吧。”

原文出处

献子怒，出而誓曰：“所不此报，无能涉河！”

（《春秋左传正义》，宣公十七年传，778 页）

齐侯使宾媚人赂以纪甗、玉磬与地。“不可，则听客之所为。”宾媚人致赂。晋人不可，曰：“必以萧同叔子为质，而使齐之封内尽东其亩。”对曰：“萧同叔子非他，寡君之母也。若以匹敌，则亦晋君之母也。吾子布大命于诸侯，而曰必质其母以为信。其若王命何？且是以不孝令也。诗曰：‘孝子不匮，永锡尔类。’若以不孝令于诸侯，其无乃非德类也乎？先王疆理天下，物土之宜，而布其利。故诗曰：‘我疆我理，南东其亩。’今吾子疆理诸侯，而曰‘尽东其亩’而已，唯吾子戎车是利，无顾土宜，其无乃非先王之命也乎？反先王则不义，何以为盟主？其晋实有阙。四王之王也，树德而济同欲焉。五伯之霸也，勤而抚之，以役王命。今吾子求合诸侯，以逞无疆之欲，诗曰：‘布政优优，百禄是遒。’子实不优，而弃百禄，诸侯何害焉？不然，寡君之命使臣，则有辞矣。曰：‘子以君师辱于敝邑，不腆敝赋，以犒从者。畏君之震，师徒桡败。吾子惠徼齐国之福，不泯其社稷，使继旧好，唯是先君之敝器、土地不敢爱。子又不许，请收合余烬，背城借一。敝邑之幸，亦云从也；况其不幸，敢不唯命是听？’”鲁、卫谏曰：“齐疾我矣。其死亡者，皆亲昵也。子若不许，雠我必甚。唯子，则又何求？子得其国宝，我亦得地，而纾于难，其荣多矣。齐、晋亦唯天所授，岂必晋？”晋人许之，对曰：“群臣帅赋舆，以为鲁、卫请，若苟有以借口，而复于寡君，君之惠也。敢不唯命是听？”

（《春秋左传正义》，成公二年传，802 页）

09

晋知罃　败军之将能言勇

从公元前八世纪中叶开始，南方后起的楚，英主迭出，冶铸技术先进，武力强横，尽吞长江、汉水流域的姬姓小国，跟着向北扩展，威胁中原，甚至率先称起“王”来。于是齐桓、晋文等众望所归的国际领袖，就以“尊周室，攘夷狄”的口号，纠合诸侯，共同抑制楚的侵略。到中原霸主不再，无人足以号召、统筹以后，楚的威势就直逼到黄河南岸。楚庄王时，甚至问九鼎之轻重，想代替周而为“天子”！

鲁宣公十二年（公元前597年），楚军大胜晋国于邲，一雪三十多年前城濮大败之耻，俘获了晋将知罃；而楚王之子谷臣也被对方擒获，将军连尹襄老被射杀。

九年之后，晋人提议：以连尹襄老的尸体和公子谷臣，交换知罃。那时，楚庄王已经死了，继任者因为晋虽战败，但元气未衰，而且已经任命知罃父亲荀首为中军副帅，继续扣留知罃也没多大作用，便应允了，并且亲自送别这位“贵宾俘虏”回国，还问他：

“你怨恨我们吗？”

“不，有什么好怨的呢？我自己没用罢了。”

知罃平静地继续回答：

“两国交兵，下臣才能不够，不能胜任，于是做了俘虏。承蒙贵国办事人员不杀我祭鼓，并且放我回国，接受本国的惩罚，这是君王的赏赐，下臣有什么好怨恨的呢？”

“那么，你感激我们吗？”

前面答得很得体，现在应该说“是啊，感激啊”之类的门面话了吧？

“也不。贵我两国，各为本身社稷利益打算，为纾解人民的痛苦，就各自抑制愤怒来互相原谅，两边都释放战俘来表示友好。双方高层的这个决定，下臣不曾参与，也不知道该对谁表示感激。”

好！公私不乱，尊严不失。楚王还是追问：

“你回国之后，拿什么报答我？”

——这句话真熟悉。当年楚成王不也是这样问晋公子重耳的吗？

当年流亡之君，答之以“退避三舍”；自己是被俘的将领，能做同样的承诺吗？

“不知道用什么报答好。下臣没有怨恨，也没有感激，所以不知道报答，不知道报答谁，也不知道报答什么。”

真是滴水不漏，寸步不让。

“即便是这样吧，你还是要把想法告诉我。”

逼到墙角了，彻底摊牌吧。

“托君王之福，我这个罪臣能够把这副骨头带回晋国。如果在自己的国家依法受死，死了，也还是活着。如果因为君王的恩惠，下臣得以在国法上赦免了，交给您的国外之臣——我的父亲荀首，他或者向国君请求，依家法处死我于宗庙，死了，也还是等于没死。倘若得不到诛戮的命令，反而让我继承宗子之位，轮到我带兵来防守边界，那么即使碰到贵国军队，我也不敢回避。我除了竭尽全力，甚至献出生命，不敢有别的心意。这样尽了臣子的本分，就是我的报答了。”

好厉害！合礼合法，不亢不卑，从容委婉，而又绝没有亏失臣节，不忠于国家。

晋国，不单国力仍然雄厚，还有这样的人才、这样的风骨！

“晋国，唉，还是未可和它争锋啊！”

叹过了气，楚王就对知罃更加礼遇，好好地送他回国。

原文出处

晋人归楚公子榖臣与连尹襄老之尸于楚，以求知罃。于是荀首佐中军矣，故楚人许之。王送知罃，曰：“子其怨我乎？”对曰：“二国治戎，臣不才，不胜其任，以为俘馘。执事不以衅鼓，使归即戮，君之惠也。臣实不才，又谁敢怨？”王曰：“然则德我乎？”对曰：“二国图其社稷，而求纾其民，各惩其忿，以相宥也。两释累囚，以成其好。二国有好，臣不与及，其谁敢德？”王曰：“子归，何以报我？”对曰：“臣不任受怨，君亦不任受德，无怨无德，不知所报。”王曰：“虽然，必告不穀。”对曰：“以君之灵，累臣得归骨于晋，寡君之以为戮，死且不朽。若从君之惠而免之，以赐君之外臣首，首其请于寡君，而以戮于宗，亦死且不朽。若不获命，而使嗣宗职，次及于事，而帅偏师，以修封疆，虽遇执事，其弗敢违，其竭力致死，无有二心，以尽臣礼，所以报也。”王曰：“晋未可与争。”重为之礼而归之。

（《春秋左传正义》，成公三年传，819 页）

10

楚钟仪　因晋南音怀故土

好好的一员楚国大将，此刻囚禁在晋的军用仓库里。两年以前，鲁成公七年（公元前 584 年）的秋天，楚兵攻郑，诸侯联军相救，捉了楚将钟仪，献给盟主晋国。

前来巡视的晋景公，觉得这个戴着南方的帽子、被五花大绑在那里的囚犯，看起来一表人才，就问：

他是谁呀？

报告主公：是郑国所献的楚国战俘。

景公叫人松了绑，召到面前，要慰问一番。钟仪行了叩头答谢的大礼。问起家世，钟仪说：

"先人是负责戏剧乐曲的。"

"你还会玩玩音乐吗？"

"先父的本行，不敢不学。"

于是，景公给他一张琴。他演奏的是楚国的乐曲。景公又问：

"你的君主怎样？"

这可能是随意的一问，不过，答的人却很难开口。楚共王是春秋五霸之一楚庄王的儿子，“名父之子难为”，他一次又一次挑起战争，一次又一次损兵折将，要用官腔称颂他，真不知从何说起，而且也轻视了对方的智慧。另一方面，以臣论君，也不知如何说起——

“这不是卑下的我所能知道的。”

景公还要追问，钟仪就说：

“当我们主上做太子的时候，许多师保（教育辅导人员）照顾着他。早上是贤臣婴齐，黄昏是贤臣侧。其他的，下臣就不知道了。”

*　　*　　*

过后，景公对范文子提起。范文子说：

“这位楚国俘虏，真有教养啊！他的话，首先提到先人职事，这是不背根本；演奏乡土音乐，这是不忘故旧。提起本国国君，就称述他做太子时所受贤人的教诲，这显示他并非受了即位后国君的私人好处才感激奉承。在外国君主之前称呼本国大夫，用‘婴齐’‘侧’这些本名，而不用‘子重’‘子反’

这些别字，是尊重对方，恪守礼法。不背根本，是仁爱；不忘故旧，是信义；无私，是忠心；尊重人君，是敏巧。从仁爱出发，以信义保守，以忠心成就，以敏巧推行，这样办起事来，无论大小，都一定能成功！”

景公便采纳了范文子的提议，礼貌地送钟仪回国，让他改善一下晋楚的关系。

原文出处

晋侯观于军府，见钟仪，问之曰：“南冠而絷者，谁也？”有司对曰：“郑人所献楚囚也。”使税之，召而吊之。再拜稽首。问其族。对曰：“泠人也。”公曰：“能乐乎？”对曰：“先父之职官也，敢有二事？”使与之琴，操南音。公曰：“君王何如？”对曰：“非小人之所得知也。”固问之，对曰：“其为大子也，师、保奉之，以朝于婴齐而夕于侧也。不知其他。”公语范文子。文子曰：“楚囚，君子也。言称先职，不背本也；乐操土风，不忘旧也；称大子，抑无私也；名其二卿，尊君也。不背本，仁也；不忘旧，信也；无私，忠也；尊君，敏也。仁以接事，信以守之，忠以成之，敏以行之，事虽大，必济。君盍归之，使合晋、楚之成？”公从之，重为之礼，使归求成。

（《春秋左传正义》，成公九年传，847 页）

11

郑子产　忠心善喻得国政

鲁襄公三十年（公元前 543 年），郑国主政贵族领袖子皮退休，授政给贤能的子产。子产要励精图治，整顿国政，一开始便遭到许多特权享受惯了、散漫惯了的人的怨恨、反对。有人作歌骂他：

“计算我的衣冠，纳税纳税；
量度我的田产，收税收税；
谁敢把子产这家伙杀了，
我跟你共谋一醉！”

三年之后，成绩都出来了。同一批人，就又改口唱道：

“我有子弟，子产教好他；
我有田地，子产理好它；
子产如果有什么三长两短，
我们都舍不得他！”

*　　*　　*

郑国有个乡校，是举行讲学、集会、射箭等公众文化娱乐活动的地方，相当于现代大城市以至乡镇的大会堂兼运动场馆吧。当时郑国人民常常跑到那里，七嘴八舌，说三道四，评论时政。有些高官心烦眼热，就对子产说：

“拆了那乡校吧！是非太多，总会出乱子！”

子产说：

“何必呢？人们有这个地方发泄发泄，他们赞成的，我就推行，他们讨厌的，我就修正，这不是我们最好的参考意见甚至顾问吗？为什么要拆掉它呢？

“我只听过要尽心尽力改善自己，减少怨恨，没听过用强力压制可以消灭怨恨。压制不是没有眼前的、实时的效果，不过，就像壅塞河川，不让它奔流，一旦水力积聚到爆发点，崩溃了，死伤的人就会极多极多，那时就无可挽救了！所以不如逐步逐步疏导吧。就让我把他们的话，当作药石好了。”

孔子这时十一岁，长大后提起这件事，还说：“由此看来，有人说子产不仁德，我怎么能相信呢！”

*　*　*

有一次，子皮想任命宠爱的家臣尹何做自己封邑的主管，子产表示疑虑：

“他年纪太轻吧？不知道可不可以。”

子皮说：

“尹何这个小伙子很听话，老老实实的，很讨人喜欢。他肯定不会背叛我。年轻、不懂办事不要紧，学习学习，就可以了。”

“不可以吧？人们喜欢一个人，总会谋求对这个人有利的事情。现在您喜欢一个人，却把政事交给他，等于他还未学会用刀子，就叫他去宰割东西，恐怕被割伤、割坏的可能性就太大了！这样，爱人等于害人，谁还敢希望得到您的爱护呢？”

——用的是很好的比喻，不过子产还是担心太率直了，于是又用了一个比喻，来委婉地“交”一下“心”：

“对于郑国，您是栋梁。栋梁有什么不妥，我们全都会被压死，怎敢不有话就说呢？”

——休戚相关，所以实话实说。又拿一个比喻说：

“譬如说，您有一幅美好的锦绣，是不会给人乱剪乱裁，拿来学习制衣的吧？大官大邑，是我们身家性命的荫庇，不是要比锦绣贵重千万倍吗？怎可以反而给人去用来学习呢？”

比喻之后，子产又用简单直接的话，点明主旨：

“我听说过学习好了才进入政坛的，没听过用实际政治来做试验品的。如果一定要蛮干，就必定会把许多人害惨，把许多事都搞砸！”

又一个比喻：

“就譬如打猎吧：学好了射箭，熟习了驾驭，才能获得猎物。如果从来没有驾过车，射过箭，那恐怕就会弓丢马翻、车毁人亡，还说什么收获呢！”

子皮听了，大为感动，虚心承认自己看得太近、太浅。他也不文过饰非，还说从此不只郑国国政，连自己的“家政”——家族内部的管理之事都委托子产了。子产仍然谦虚诚恳地说：

“您太客气了。人的想法各不相同，就像人的面孔千差万别一样。我怎敢说您的面孔和我的是一样呢？只不过心里觉得危险，就坦白告诉您罢了。”

*　*　*

子产当政不久，鲁襄公去世，子产随同郑简公到晋国访问。晋平公因为同姓盟国鲁的国丧，没抽出时间立即接见，当然，晋强郑弱，晋大郑小，所以面子也不必给足。当然这是不必说出来的。

等了好几天，还是没有约见的消息。子产毅然叫人拆了宾馆的围墙，把车马全部移进馆里。

果然，晋人不必约就来见他们了。

负责房地产管理的晋国大官士文伯，又惊又怒，责问子产说：

“敝国政治不够理想，到处都是盗贼，为保障各国宾客，所以我们修好了房舍，建好了围墙，加高了门户，这些都是为宾客的安全着想。现在先生们突然把围墙拆了；当然，你们自己的安全，有自己的卫兵负责，可是其他宾客又怎么办呢？如果人人都把宾馆的墙拆掉，我们怎样安置各国宾客？敝国国君叫我来请问先生我们要怎么办。”

——振振有词，气势汹汹。子产说：

“敝国地方小、力量弱，又夹在几个大国之间，随时都要有所奉献，所以我们不敢安居，搜求了所有能够交出来的财物，作为朝会的贡品。这次真不巧，碰上贵国人员忙碌，没空接见我们君臣；而又听不到贵国吩咐，不知到什么时候才会见面。我们带来的贡品，不敢贸然奉上，更不敢暴露在外面，受风吹雨淋。这些礼品，是贵国府库未来的财物啊！没有经过正式的交接礼仪，我们怎敢献上？如果日晒雨淋损坏了质量，我们的罪责不是更重吗？”

——说得极委婉、极合情理。换言之，拆围墙，是不得已之举，主人迟迟不见，就不知是何缘故了。客人继续说：

“听说晋文公做霸主的时候，自己的宫室简陋矮小，没有什么亭台楼阁，而款待外宾的房舍，却高大华丽，舒适宽敞，就像贵国现在国君的寝宫一般。那时，连宾馆的车房、马路都建筑得很好；贵国的有关官员，还按时平整道路，粉刷房舍，维修各种设施。每逢诸侯使者到来，负责照明的人就会点起火把，仆役一早就往来清洁、打扫、巡察；车马有专门停放的地方，随从的日常工作立即有人代劳，好让他们也休息休息。车辆有布遮盖，车辖有人加工防锈、添油润滑。马匹有人喂养，厨厕有人打扫，应用的物品色色俱全，都放在就手的地方。客人一到，文公就尽快接见，不耽误彼此的光阴。宾客有什么事情，担忧的、欢乐的，主人都会体贴安排。不如意的事有主人慰问；不明白的事有主人相告；不够的地方，放心向主人求助。所以，宾客来到晋国，就像回到家里一样安适，哪里有什么灾害要担心呢？不担心寇匪盗贼，也不担心燥湿寒暑！”

——真美好啊，黄金般的、古老的日子！晋国要继续做诸侯的老大哥吗？要重振文公时代的无比威望吗？别的、难的就不说了，热情周到的招待，起码是应该做到的吧？

面对先前的责问者此刻不自觉的、惭愧的神情，子产继续说：

“如今，大家都看到了，贵国主公铜山的离宫，绵延了好几里；而宾馆简陋得像奴仆的宿舍，门口又低又窄，又有围墙，车马进不来，又过不去，卡在那里，不知如何是好。打劫的、偷窃的，光天化日，随处都是。天灾、传染病防不胜防，在这里实在好苦！

“苦的日子又不知何时方了，因为贵国国君接见的命令什么时候颁布，宾客进谒的先后怎样安排，我们全不知晓。如果还不设法把车马贡品都弄进来，我们的罪责就更重。如果不拆墙，那反过来请问一句：我们该怎么办？

“当然，我们明白，贵国主公是同姓情深，哀悼鲁国，现在没心情、没时间接见；不过，我们郑国也是姬姓，也有同感呀！如果能让我们先行进献聘问的礼物，然后把墙修好再走，这便是贵国主公的恩惠，我们只有深深的感激，又怎么会怕麻烦呢？”

惭愧的晋侯立即隆重接见郑伯，并且修筑、美化了接待诸侯宾客的宾馆。

原文出处

从政一年，舆人诵之，曰：“取我衣冠而褚之，取我田畴而伍之。孰杀子产，吾其与之。”及三年，又诵之，曰：“我有子弟，子产诲之；我有田畴，子产殖之。子产而死，谁其嗣之？”

（《春秋左传正义》，襄公三十年传，1291 页）

郑人游于乡校，以论执政。然明谓子产曰：“毁乡校何如？”子产曰：“何为？夫人朝夕退而游焉，以议执政之善否。其所善者，吾则行之；其所恶者，吾则改之，是吾师也。若之何毁之？我闻忠善以损怨，不闻作威以防怨。岂不遽止？然犹防川，大决所犯，伤人必多，吾不克救也。不如小决使道，不如吾闻而药之也。”然明曰：“蔑也今而后知吾子之信可事也。小人实不才，若果行此，其郑国实赖之，岂唯二三臣？”仲尼闻是语也，曰：“以是观之，人谓子产不仁，吾不信也。”

子皮欲使尹何为邑。子产曰：“少，未知可否。”子皮曰：“愿，吾爱之，不吾叛也。使夫往而学焉，夫亦愈知治矣。”子产曰：“不可。人之爱人，求利之也。今吾子爱人则以政，犹未能操刀而使割也，其伤实多。子之爱人，伤之而已，其谁敢求爱于子？子于郑国，栋也。栋折榱崩，侨将厌焉。敢不尽言？子有美锦，不使人学制焉。大官大邑，身之所庇也，而使学者制焉。其为美锦不亦多乎？侨闻学而后入政，未闻以政学者也。若果行此，必有所害。譬如田猎，射御贯，则能获禽。若未尝登车射御，则败绩厌覆是惧，何暇思获？”子皮曰：“善哉！虎不敏。吾闻君子务知大者、远者，小人务知小者近者。我，小人也。衣服附在吾身，我知而慎之；大官大邑所以庇身也，我远而慢之。微子之言，吾不知也。他日我曰：‘子为郑国，我为吾家，以庇焉，其可也。’今而后知不足。自今请，虽吾家，听子而行。”子产曰：“人心之不同如其面焉，吾岂敢谓子面如吾面乎？抑心所谓危，亦以告也。”子皮以为忠，故委政焉，子产是以能为郑国。

（《春秋左传正义》，襄公三十一年传，1301 页）

癸酉，葬襄公。公薨之月，子产相郑伯以如晋，晋侯以我丧故，未之见也。子产使尽坏其馆之垣，而纳车马焉。士文伯让之，曰：“敝邑以政刑之不修，寇盗充斥，无若诸侯之属辱在寡君者何？是以令吏人完客所馆，高其闬闳，厚其墙垣，以无忧客使。今吾子坏之，虽从者能戒，其若异客何？以敝邑之为盟主，缮完葺墙，以待宾客。若皆毁之，其何以共命？寡君使丐请命。”对曰：“以敝邑褊小，介于大国，诛求无时，是以不敢宁居，悉索敝赋，以来会时事。逢执事之不闲，而未得见，又不获闻命，未知见时。不敢输币，亦不敢暴露。其输之，则君之府实也，非荐陈之，不敢输也。其暴露之，则恐燥湿之不时而朽蠹，以重敝邑之罪。侨闻文公之为盟主也，宫室卑庳，无观台榭，以崇大诸侯之馆。馆如公寝，库厩缮修，司空以时平易道路，圬人以时馆宫室；诸侯宾至，甸设庭燎，仆人巡宫；车马有所，宾从有代，巾车脂辖，隶人、牧、圉各瞻其事。百官之属，各展其物；公不留宾，而亦无废事；忧乐同之，事则巡之；教其不知，而恤其不足。宾至如归，无宁菑患？不畏寇盗，而亦不患燥湿。今铜鞮之宫数里，而诸侯舍于隶人。门不容车，而不可踰越。盗贼公行，而天厉不戒。宾见无时，命不可知。若又勿坏，是无所藏币以重罪也。敢请执事：将何以命之？虽君之有鲁丧，亦敝邑之忧也。若获荐币，修垣而行，君之惠也。敢惮勤劳！”

（《春秋左传正义》，襄公三十年传，1295 页）

12

郑子羽　义正词温破祸心

鲁昭公元年（公元前541年），楚国的公子围聘问郑国，同时要在此娶妻，或者，更顺手灭了郑国，扩张楚国的势力，增加自己的政治筹码。

早已知道这个人的名声不好，现在又气焰逼人，郑国上下都十分讨厌他。如果让他进入宾馆，恐怕会引起公愤，局面难以控制。郑国外交礼宾代表子羽，费了一番唇舌，让他们暂时住在外边。

到聘问典礼行过后，公子围就要带庞大的迎亲队伍进城，实际上是来占领了。郑国执政者子产当然看出楚人不怀好意，就派子羽推辞说：

“很抱歉，敝邑实在地方狭小，容纳不了你的随从。请让我们在城外整治一处平地，设置坛台，再听候你的安排，举行典礼，怎样？”

公子围大为不满，派太宰伯州犁对郑人说：

“蒙贵国国君厚赐敝国大夫围，对他说：‘让丰氏公孙段的女儿给你主持家务吧。’大夫围就设置了礼几、筵席，在我们庄王、共王的宗庙恭敬祭告后，才专诚来到这里。如果竟要在野外成婚，那不就是把贵国国君的厚赐丢弃在草野吗？大夫围从此就再没有面子与众卿为伍了！不单如此，他还因此等于欺骗了敝国的先君，哪还有资格做敝国的大臣，哪还有脸回去呢？要怎么办，请大夫考虑考虑吧！”

——话说得委婉极了。厚棉花里面藏的是根硬刺。婚姻，是你们君主提议的，我们这边已经极隆重、极尽礼，名正言顺，师出有名，看你怎敢侮辱我们的公子围、怎样抗拒我们的大军压境以至入境！

不得不“打开天窗说亮话”了。

“大夫请听我们说：国家小，不是罪过；自己弱小而误信大国可靠，不加防备，自取灭亡，那就是罪过了。小国靠着婚姻等关系，依靠大国，希望大国念情，庇护自己，怎知大国却包藏祸心，在好礼貌、好言语里面藏了为祸人家的歹心，要暗算小国。小国亡了，其他诸侯也就警惕起来，没有不鄙视大国的。人们从此不信任、不服从那个大国了，那不是很糟糕吗？我们当然都不想这样吧？如果实情不是如此，那么，我们就等于是贵国宾馆的馆员，又怎敢爱惜丰氏的祖庙，不让贵国人员进来举行大礼呢？”

这一方已经洞烛对方之奸，只是话说到“包藏祸心”为止。八十九年前，烛之武的一番话，劝止了秦穆公侵郑，妙处就在句句听来都为对方着想。八十九年后，子羽用类似的一番话，叫志在吞并、图霸的楚人，权衡轻重，及时（至少“暂时”）收手。

最后的协议是同时顾及了双方面子的。楚军即“迎娶队伍”，毕竟还是名正言顺地进入了郑国都城，不过，武器袋都倒垂着，表示里面没有凶器，没有祸心，这使郑国获得了尊重，感到安慰。

原文出处

元年春，楚公子围聘于郑，且娶于公孙段氏，伍举为介。将入馆，郑人恶之，使行人子羽与之言，乃馆于外。既聘，将以众逆。子产患之，使子羽辞，曰：“以敝邑褊小，不足以容从者，请墠听命！”令尹命大宰伯州犁对曰：“君辱贶寡大夫围，谓围将使丰氏抚有而室。围布几筵，告于庄、共之庙而来。若野赐之，是委君于草莽也，是寡大夫不得列于诸卿也。不宁唯是，又使围蒙其先君，将不得为寡君老，其蔑以复矣。唯大夫图之。”子羽曰：“小国无罪，恃实其罪。将恃大国之安靖己，而无乃包藏祸心以图之？小国失恃，而惩诸侯，使莫不憾者，距违君命，而有所壅塞不行是惧。不然，敝邑，馆人之属也，其敢爱丰氏之祧？”伍举知其有备也，请垂櫜而入。许之。

（《春秋左传正义》，昭公元年传，1310 页）

13

吴王弟　临刑无惧说凶吉

春秋时代，周室衰而未微，大家还讲究礼节，即使兵戎相见，事前还是会揖让一番，施展一些外交辞令，表示文化教养。两国相争，不斩来使，早已成为文明的规矩。到了战国，周只居处于洛邑一城，纷纷称王的各国，不只瞧不起周室，简直忘记了周的存在。

周所代表的礼文教化就也差不多被人忘记了。大家要打就打，也不必找什么冠冕堂皇的理由来号称是征伐有罪，就连外交代表、非武装人员，有时都被乱杀一通。

《左传·昭公五年》和《韩非子·说林下》都记载了同一个故事：

春秋末期，长江下游的吴国兴起，与强大的西邻楚国常起冲突。鲁昭公五年（公元前 537 年），楚灵王大军伐吴，吴王派弟弟蹶由依规矩犒劳楚军，意思是暂时不当对方是入侵者，而只当是不速之客，自己仍然依礼款待，问问对方的意愿和动向，必要时做决裂动武前的最后谈判，万不得已，再约定日期，正式开打。

一向被中原各国视为蛮夷的楚国，这次真不耐烦这婆婆妈妈的一套了，一见到吴国使者，便把他抓了起来——

“原来是吴王的弟弟，地位这么高，正好杀了他，拿血来涂我们的战鼓！”

楚王还派人向蹶由做“死前一问”呢！

“哈哈！想不到吧？你们这次来，事先一定问过卜吧？”

“是的。”

“吉吗？”

“吉。”

“哈哈哈！你看，连你们的龟卜都不灵光了！吉，为什么你要人头落地？为什么你的血要给我们涂鼓？等一会儿，我们击鼓进兵，杀你们个落花流水！”

好一个蹶由！不愧是国君的弟弟、国家的领导人物。写历史的人，记述人家临危不乱容易；做戏的人，扮演临死不屈也容易；而真正危在旦夕时，却很少有人能够做到仍然从容、仍然机智。

从容机智的蹶由，镇定地说：

“或者请听我解释。我们听说贵国要在敝国用兵，便以守国之龟来卜问。卜辞说：‘要到对方劳军，看看楚王的态度，就可以有所准备了。’对了，如果贵国礼待使臣，我们就会放松戒备，国家就会灭亡。现在贵国国君大发雷霆，要残酷处置我们，这样，吴国便知道要有所准备了。我国虽然力量单薄，但有了充分的准备，还是可以令贵国知难而退的。这不是上上大吉吗？”

——真有点儿道理，为什么我们先前想不到？

“况且，我们要卜的，是国家社稷的安危，不是使者一人的生死。使者被杀，于是全国戒备，国家得以保全，这不是龟卜的最大功用吗？老实说，一吉一凶，谁能把它确定在某件事上面？就拿贵国的事为例吧，当年贵国与晋军大战城濮，事前卜的结果不是吉吗？怎知结果大败，然后贵国复仇志切，到城再战，于是大胜。那么，贵国的卜是不应验呢？还是应验呢？同样的道理，我们大吉的龟卜，也不必就在此行应验吧？”

——是啊，杀了他，不是增加他们的斗志吗？即使这次赢了，难保将来不会栽在他们手上呢！楚人的神色越来越不安了。蹶由又补充了一句：

“对了。一个人死了会怎样，谁都不知道。如果死了便没有作为，那么，涂我的血在你们鼓上，一点儿作用也没有；反之，如果死了还有灵有性，我一定阴魂不散，在真正打仗的时候，弄得你们的战鼓响不起来！”

——响不起来，就不大吉利了。还是放了他吧。

原文出处

楚子以驲至于罗汭。吴子使其弟蹶由犒师，楚人执之，将以衅鼓。王使问焉，曰：“女卜来吉乎？”对曰：“吉。寡君闻君将治兵于敝邑，卜之以守龟，曰：‘余亟使人犒师，请行以观王怒之疾徐，而为之备，尚克知之。’龟兆告吉，曰：‘克可知也。’君若欢焉好逆使臣，滋敝邑休殆，而忘其死，亡无日矣。今君奋焉，震电冯怒，虐执使臣，将以衅鼓，则吴知所备矣。敝邑虽羸，若早修完，其可以息师。难易有备，可谓吉矣。且吴社稷是卜，岂为一人？使臣获衅军鼓，而敝邑知备，以御不虞，其为吉，孰大焉？国之守龟，其何事不卜？一臧一否，其谁能常之？城濮之兆，其报在邲。今此行也，其庸有报志？”乃弗杀。

（《春秋左传正义》，昭公五年传，1408 页）

14

晏平仲　人矮才高服列国

山东人一般比较高大，男的玉树临风，女的亭亭玉立，偏偏晏婴却很矮。从小就饱受欺侮、嘲笑；到求偶时期，易遭白眼，更不在话下。好在人的品格、才学都与体型无关。晏婴各方面的成就都不只高人一等。他是出了名的口才敏捷而得体，办事快速而有效，足智多谋，而且崇礼守法。奋斗多年之后，晏婴当上了齐国的首相。晏子德高望重，权大位崇，人人在自己心里仰望，在他面前俯首。

*　　*　　*

每天必须在晏子面前俯首的、他的那位高大的车夫，却在所有其他车夫，以至几乎所有人面前昂首。“我的主人晏国相……”“我们晏国相……”“晏国相吩咐我说……”什么什么的，已经成了他最容易脱口而出的话、最喜欢发出的声音。终于，连当初对他“仰望而终身”的妻子也忍不住，要提出离婚了。

“为什么？我又没有亏欠家用，又没有……”

“没有什么。只是觉得你没意思罢了。”

“什么‘没意思’？晏国相说——”

“请你不要再说什么晏国相晏国相了！人家晏国相，应该是你的晏国相，人长得不高，官做得最大，名气高得不得了，可是他仍然谦谦虚虚的，一举一动都极有分寸。

“看你呀！不过做人车夫罢了，趾高气扬，不可一世，好像自己就是国相一般。做你妻子，被人指指点点，实在没有意思。”

车夫的妻子最后有没有离开，《史记》没有记载。不过，那车夫从此变得谦谨好学，修养大进，连晏子也觉得奇怪，知道原因之后，就举荐他当上了官员。《列女传》还说，连他的妻子也被封为命妇了呢！

* * *

做国君真好，不过也真苦。整天衣冠齐整，庄重严肃，礼仪周周的，风度好好的，实在疲倦。齐景公有一次酒喝多了，什么都热起来，于是除了帽子，松了衣服，自己击打乐器，唱起歌来，说：“仁人君子，也享受这个吧？”左右立即响应说：“当然当然，仁人君子，也是人的儿子啊！他的眼睛、耳朵难道是特殊构造吗？”景公一高兴，就让人赶快用车接晏子来宫。晏子穿了整齐的官服来见国君，景公一见就笑着说：

“罢了！罢了！今天不是谈公事。我觉得这些玩意儿很好玩，所以叫你来参加，暂时把‘礼’字放在一边吧！”

“国君这话，微臣恐怕不敢同意。抛开了礼，国君、我们以至所有人，谁还可以有碗平安饭吃呢？齐国任何一个童子，都可以把我打垮，甚至把国君也打败呢！他们不会，也不敢妄动，就因为礼法的观念令他们忌惮罢了。这就是人可贵的地方啊！”

“你讲得对。我这做国君的，真不像样。也都因为身边的人迎合我，帮助我放纵，不如把他们都杀掉吧！”

“大王，他们的责任本来就是服侍你，他们有什么罪呢？君主守礼，左右便都好礼；君主放荡，左右便都放荡。”

景公说：

“好，让我穿好衣服，戴回帽子吧。”

于是君臣互相敬酒三回之后，晏子就请辞，急急退席了。

为什么酒过三回，完成了宾主之礼，晏子就急急辞别呢？因为：景公既已虚怀纳谏，尊重礼法，把辅佐政务的大臣和服侍私生活的近狎小人分开，那就“点到即止”，快些让也是凡人的国君恢复松弛吧。孔子称赞晏婴“善与人交，久而敬之”（《论语·公冶长》），就是因为他待人接物分寸拿捏得极好啊。

* * *

《左传》记载：昭公二十六年（公元前516年），齐国出现彗星——世俗所谓的“扫帚星”。景公要祈祷消灾。晏婴说：

“这样没有好处，只会增添迷信、招来欺骗罢了。天道是有自己的常规的，祭祷也没有用。上天之有扫帚星，是用来除灭污秽的，国君如果行为清洁，又何必祭祷呢？如果有污秽，祭祷又有什么用处呢？”

* * *

景公有匹好马，不知怎的被驯马师杀了。景公大怒，拿起戈戟要亲自把他处死。晏子说：

“别让他死得不明不白，等微臣声讨他的罪过。”

得到景公允准，晏子就拿起戈戟，对准那驯马师的胸口，大声指责他说：

“你替我们国君养马，又杀了那匹马，这是死罪！你令我们国君因为马死而杀人，这又是死罪！你令我们国君因马死而杀人的事，被各国知道，这更是死罪……”

“算了！算了！”

景公惭愧地说：

“先生放了他吧，不要损害我的仁德。”

*　　*　　*

《韩诗外传》卷八记载：齐国有人得罪了景公，被缚在殿下，等待肢解。谁要谏阻，也是死罪。

好个晏婴！只见他左手抓着犯人的头，右手拿着锋利的刀，仰起头，问景公：

“古代的圣主明王，肢解犯人，不知道从哪个部位开始？”

景公这个生而为君的超级公子哥儿，虽然冲动蛮横，良知还是有的，一被平素敬重的晏子点醒便离开坐席，说：

“放了他吧。有罪过的是我。”

* * *

景公打猎，上山见到老虎，下水又碰到大蛇。回来对国相诉苦：

“今天碰到的，都不大吉利。”

晏婴说：

“这不算。国家有三样东西大不吉利：第一是有人才而不知道，第二是知道而不能用，第三是用而不加重视。这是真的不吉利。至于老虎，它本来就住在山林里，大蛇，它本来就居于水泽的洞穴，这是它们的家嘛，碰到它们，有什么不吉利的呢？”

* * *

晏子长得矮小，房子也绝不高大，甚至可以说是又窄又小。地势又低，还在街市旁边，湿湿脏脏的，尘埃多，噪音多，与国相的地位真是不配。景公说：

“你换一所高大一点、干爽一点的府第吧！”

晏婴说：

“下臣的父祖，就是国君的先臣住在这里，下臣不足以继承祖业，对我来说，这房子已经太好了。而且，住近街市，什么都方便，买东西啦，办些琐碎事情啦，等等，省时省力得很啊。”

景公笑道：

“你住近街市，知道物价吗？”

“知道。”

“什么东西贵？什么东西贱？”

“假脚贵，鞋子贱。”

原来景公残忍，滥施刑罚，许多人被砍了脚，要装上假脚，所以就不必穿鞋了，供求关系影响了物价。景公一听，便有点儿愧悔，从此刑罚就轻了许多。

不久，晏子出使晋国，景公趁他不在，替他在原地改建了房屋，扩大了几倍。大抵迁徙了不少邻居吧。

晏子回来一看，傻了眼，依礼拜谢。接收之后，就又把它拆下来，依照旧时各个邻居的样子，重新建造，并且请原来的居住者回来，因为谚语早就说过：“不是要占卜住宅，是要占卜邻居。”又说：“好房屋千金买得起，好邻居万金买不到。”景公拿晏子没办法，而且又有一个贵族领袖陈桓子说情，也就由他去了。

*　　*　　*

晏婴十分节俭，除了居处简陋之外，一袭狐裘穿了三十多年，上朝的衣冠都是用过又洗，洗过又用，车子破旧，马匹驽劣，齐景公早就看不过眼，说：

“先生的俸禄不够吧？车马太不像样了！”

晏子答道：

“承蒙国君的恩赐，微臣整个家族都丰衣足食，自己也有车有马，不必步行，已经心满意足了。”

晏子一离开，景公就把一副和自己差不多同级的车马送给晏子。晏子退回了三次。景公不高兴了，召见晏子说：

“先生不接受，寡人自己也不坐了！”

晏子说：

“国君任命我为政府人员的首长，衣服饮食有一定标准，以领导齐国的老百姓。如果我的车马和国君的差不多，那就是僭越了体制，从此也没办法禁止人家不守礼了。”

*　　*　　*

有一次，齐景公与一班大臣饮酒，陈桓子看了看晏婴，笑着对景公说：

“请罚晏子饮酒。”

“为什么？”

“晏子身为国相，一人之下，万人之上，但他不穿丝帛而穿黑布衣，不披狐裘而披廉价的鹿裘，车子又单薄破旧，马匹又老弱驽劣，这样上朝，是把国君的赏赐埋没了。”

景公同意罚晏子，由陈桓子当面宣告他的“罪状”。

晏子离开座位，问道：

“是饮了再辩白，还是辩白了，不中听，再罚饮？”

“让你先辩后饮吧。”

“谢主上。主上赐我显荣的职位，我之所以接受，不敢为了个人的显荣，而是为了可以好好执行国君的政令；主上赐我丰厚的俸禄，我之所以接受，不敢为了自家的富裕，而是为了可以把国君的恩惠普遍地和族人分享。微臣听说，古代的贤臣如果受了国君的厚赐而不顾家族，就是有了偏差；如果担当政务而办事不力，就是有了过错。所以，如果国君宫中、府中的任何下属，以至微臣家中的任何成员，安置得不好，如果国家的任何军事设备，够不上水准，那都是微臣的过失。至于上朝的车马破旧，这不是微臣的罪过啊。况且，因为主公的恩赐，微臣的父系亲属没有不乘车的，母系亲属没有不丰衣足食的，妻子外家的人没有饥寒的，替微臣做事、靠微臣开饭的有好几百家，这样，是微臣隐藏了国君的赏赐呢，还是显荣了？”

“讲得好！讲得妙！”

景公大为赞赏，说：

“应该罚饮酒的，是陈桓子。”

* * *

原来古人也喜欢“碰碰车”这个玩意儿。晏子时代齐国都城临淄，非常繁华，行人往来，摩肩接踵，车轮中心突出外面的毂，也常常碰在一起。许多人，大多是青少年吧，甚至故意碰撞，来获得刺激与乐趣。

虽然那时车速不高，但危险性总是有的，而且街道上也不免喧闹和混乱得一塌糊涂。朝廷屡屡下令禁止，一点儿效果也没有。这就像现代许多大都市青少年非法的黑夜飙车吧。

有一天，人们讶异地看到一向节俭守礼的晏子，竟然换了华丽的新车、壮硕的好马，在街上招摇过市。国相的车好像在四处向其他车辆“挑衅”，要和人家玩玩碰碰呢！国相的车，大家当然要小心避开，可惜避不胜避，一辆不知是倒霉的还是大胆的，给碰上了！

那辆车子的主人正想逃跑，以避免罪责，没想到晏子和车夫离开得更快，早就不见了。

原来不是不见了，是在那里向天祈祷、谢罪呢！

“大不吉利！大不吉利！碰了车子。碰了车子，是不是我祭祀不虔诚呢？是不是我生活不检点呢？神明啊！原谅我！老天爷啊！放过我！”

从此，就没人敢再搞碰碰车这玩意儿了。

*　　*　　*

晏子的智慧与德行，远近驰名，连外国君主也虚心向他请教。

鲁哀公请教来访的晏婴：

“古语说：‘没有请教过三个人，办事就一定糊涂。’现在鲁国的事，寡人和整个国家都在想办法，但还是很乱，为什么呢？”

晏子答道：

“古语所谓三个人，是真的三个人，三种意见。一个人的想法，错的可能性比较大。一人计短，二人计长；三种想法加起来，也算是群众意见的缩影了。尊重少数而取决于多数，错误的可能性总会比较少些。现在鲁国群臣，成百上千，都附和当权的头头季孙氏一个人的意见。人数是不少，意见只有一个，怎算得是三个人呢？”

* * *

晏子在国内国外，都广受敬重；当然，也有些人，妒忌之心太盛，野蛮之习未除，还要故意试试晏子。

春秋战国之间忽然强大起来的吴国，就是一个例子。

晏子出使吴国，志骄意满的夫差对外交礼宾人员说：

“我要考考他。接见他的时候，要高声宣布：‘天子请见。’看这礼仪最熟、口才最好的家伙怎么办。”

怎么办？

这时大家已经连周天子都不放在眼里了。吴楚争先恐后称“王”，不过，自称“天子”还是太过。应他，一定腾笑国际。

不应他，也是失礼，到底是主人的召唤嘛。客人怎能不应？

怎么办？

一听到“天子请见”，晏子露出惊惭不安的表情。

再听到，晏子又做出这种样子。

第三次，晏子就再次做出不安的姿态。他不好意思地道歉：

“对不起。我真糊涂，竟跑错地方了。我是要拜见吴王的，竟然来到大周的朝廷了。请问，吴王在哪里？”

吴王在那里暗自愧悔，只好命人改口宣布：“夫差请来宾入见。”并且用了诸侯之礼。

*　　*　　*

晏子到了楚国，楚国在城门旁边开了一道矮小的门，目的就是要“矮化”这位本来就很矮的齐国代表。

进去吧，辱没了自己，更辱没了国家。

不进去吧，见不到主人，辱没了使命。

翻脸发怒吧，会把事情闹僵，更可能使两国关系恶化。

怎么办？

“啊，恐怕我们是弄错地方了。这是狗的洞穴，不是人的门口。我们现在是出使楚国，楚国当然不是狗的国，是人的国。人的国自然有人的门口。在哪里呢？请你们带带路。”

还算是人的楚国官员，只好带客人进了人的门口，循着人的途径，见到那位人上之人——楚的君主。

那个人上之人，故意两眼发直，向前望着，口里嚷着：

“人呢？人在哪里？齐国没有人吗？”

“有。为什么没有？”

晏子不慌不忙，向上一揖，说：

“齐国都城临淄，有三百多条大街，街上的人一张开衣袖，白天都会变得阴暗；大家一挥汗，晴天都会变成雨天。肩头挨着肩头，脚跟碰着脚跟，到处都是人啊，怎么说没人呢？”

“有人，为什么派你这个人呢？”

“大王问得好。”

晏婴仍然平静地回答：

“就因为我们齐国人才太多了，所以根据不同的国家，派遣不同的使者。高大英俊的人，被派去见高明伟大的国君；不像样的诸侯，我们就派不像样的人去。所以，像我这样的人，派来贵国，不是很合适吗？”

*　　*　　*

那时晏子可能还未当上国相吧，总之，楚王就正式举行国宴，款待晏子。

酒喝得差不多了，忽然有两个侍卫带上一个捆缚着的人，奏请楚王发落。

“什么人？什么事？”

“禀告王上，他是齐国人，偷东西。”

“唉！”楚王转过头来，同情地、惋惜地、含蓄而轻视地说：

“齐国人这样喜欢偷东西吗？”

能不能拍案而起，拂袖而去呢？

能不能反唇相讥，说齐国也逮了不少楚国偷渡而来的盗匪呢？

能不能证实对方诬蔑，实是一宗冤假错案呢？

总不能面红耳热不知所对吧！

面不改色的晏子，站起身来，离开席位，庄重地向主人一揖，清清楚楚地回答说：

“报告大王：橘树生在淮河南边，果子是甜甜的；到了北边，就变成又酸又涩的枳了。枝叶看来一样，味道大有不同，这是水土的关系啊。

“这个人在齐国好好的，到了贵国就变成盗贼，是不是贵国的水土有点儿问题呢？”

楚王望一望身边的人，看着他们惶惑的神色，说：

“面对绝顶聪明的人，要开他的玩笑，那是自作自受啊。”

原文出处

晏子为齐相，出。其御之妻从门间而窥，其夫为相御，拥大盖，策驷马，意气扬扬，甚自得也。既而归，其妻请去。夫问其故，妻曰："晏子长不满六尺，相齐国，名显诸侯。今者妾观其出，志念深矣，常有以自下者。今子长八尺，迺为人仆御；然子之意，自以为足，妾是以求去也。"其后，夫自抑损。晏子怪而问之，御以实对，晏子荐以为大夫。

（吴则虞撰：《晏子春秋集释》，359页，北京：中华书局，1982年。后《晏子春秋》引文皆用此版本。）

景公饮酒数日而乐，释衣冠，自鼓缶，谓左右曰："仁人亦乐是夫？"梁丘据对曰："仁人之耳目，亦犹人也，夫奚为独不乐此也？"公曰："趣驾迎晏子。"晏子朝服以至，受觞再拜。公曰："寡人甚乐此乐，欲与夫子共之，请去礼。"晏子对曰："君之言过矣！群臣皆欲去礼以事君，婴恐君子之不欲也。今齐国五尺之童子，力皆过婴，又能胜君，然而不敢乱者，畏礼也。上若无礼，无以使其下；下若无礼，无以事其上。夫麋鹿维无礼，故父子同麀，人之所以贵于禽兽者，以有礼也。婴闻之，人君无礼，无以临其邦；大夫无礼，官吏不恭；父子无礼，其家必凶；兄弟无礼，不能久同。诗曰：‘人而无礼，胡不遄死。’故礼不可去也。”公曰：“寡人不敏无良，左右淫蛊寡人，以至于此，请杀之。”晏子曰：“左右何罪？君若无礼，则好礼者去，无礼者至；君若好礼，则有礼者至，无礼者去。”公曰：“善。请易衣革冠，更受命。”晏子避走，立乎门外。公令人粪洒改席，召衣冠以迎晏子。晏子入门，三让，升阶，用三献焉；嗛酒尝膳，再拜，告餍而出。公下拜，送之门，反，命撤酒去乐，曰：“吾以彰晏子之教也。”

（《晏子春秋集释》，430 页）

齐有彗星，齐侯使禳之。晏子曰：“无益也，只取诬焉。天道不谄，不贰其命，若之何禳之？且天之有彗也，以除秽也。君无秽德，又何禳焉？若德之秽，禳之何损？诗曰：‘惟此文王，小心翼翼。昭事上帝，聿怀多福。厥德不回，以受方国。’君无违德，方国将至，何患于彗？诗曰：‘我无所监，夏后及商，用乱之故，民卒流亡。’若德回乱，民将流亡，祝史之为，无能补也。”公说，乃止。

（《春秋左传正义》，昭公二十六年传，1701 页）

景公使圉人养所爱马，暴死，公怒，令人操刀解养马者。是时晏子侍前，左右执刀而进，晏子止而问于公曰：“尧舜支解人，从何躯始？”公矍然曰：“从寡人始。”遂不支解。公曰：“以属狱。”晏子曰：“此不知其罪而死，臣为君数之，使知其罪，然后致之狱。”公曰：“可。”晏子数之曰：“尔罪有三：公使汝养马而杀之，当死罪一也；又杀公之所最善马，当死罪二也；使公以一马之故而杀人，百姓闻之必怨吾君，诸侯闻之必轻吾国，汝杀公马，使怨积于百姓，兵弱于邻国，汝当死罪三也。今以属狱。”公喟然叹曰：“夫子释之！夫子释之！勿伤吾仁也。”

（《晏子春秋集释》，90 页）

齐有得罪于景公者，景公大怒，缚置之殿下，召左右肢解之，敢谏者诛。晏子左手持头，右手磨刀，仰而问曰：“古者明王圣主其肢解人，不审从何肢解始也？”景公离席曰：“纵之，罪在寡人。”

（赖炎元：《韩诗外传今注今译》，卷八，355 页，台北，商务印书馆）

景公出猎，上山见虎，下泽见蛇。归，召晏子而问之曰："今日寡人出猎，上山则见虎，下泽则见蛇，殆所谓不祥也？"晏子对曰："国有三不祥，是不与焉。夫有贤而不知，一不祥；知而不用，二不祥；用而不任，三不祥也。所谓不祥，乃若此者。今上山见虎，虎之室也；下泽见蛇，蛇之穴也。如虎之室，如蛇之穴，而见之，曷为不祥也！"

（《晏子春秋集释》，121 页）

景公欲更晏子之宅，曰："子之宅近市湫隘，嚣尘不可以居，请更诸爽垲者。"晏子辞曰："君之先臣容焉，臣不足以嗣之，于臣侈矣。且小人近市，朝夕得所求，小人之利也。敢烦里旅！"公笑曰："子近市，识贵贱乎？"对曰："既窃利之，敢不识乎！"公曰："何贵何贱？"是时也，公繁于刑，有鬻踊者。故对曰："踊贵而屦贱。"公愀然改容。公为是省于刑。君子曰："仁人之言，其利博哉！晏子一言，而齐侯省刑。诗曰：'君子如祉，乱庶遄已。'其是之谓乎。"

（《晏子春秋集释》，415 页）

晏子使晋，景公更其宅，反则成矣。既拜，乃毁之，而为里室，皆如其旧，则使宅人反之。曰："谚曰：'非宅是卜，维邻是卜。'二三子先卜邻矣。违卜不祥。君子不犯非礼，小人不犯不祥，古之制也。吾敢违诸乎？"卒复其旧宅。公弗许。因陈桓子以请，乃许之。

（《晏子春秋集释》，418 页）

晏子朝，乘弊车，驾驽马。景公见之曰："嘻！夫子之禄寡耶？何乘不任之甚也？"晏子对曰："赖君之赐，得以寿三族，及国游士，皆得生焉。臣得暖衣饱食，弊车驽马，以奉其身，于臣足矣。"晏子出，公使梁丘据遗之辂车乘马，三返不受。公不说，趣召晏子。晏子至，公曰："夫子不受，寡人亦不乘。"晏子对曰："君使臣临百官之吏，臣节其衣服饮食之养，以先国之民；然犹恐其侈靡而不顾其行也。今辂车乘马，君乘之上，而臣亦乘之下，民之无义，侈其衣服饮食而不顾其行者，臣无以禁之。"遂让不受。

（《晏子春秋集释》，421 页）

景公饮酒，田桓子侍，望见晏子，而复于公曰："请浮晏子。"公曰："何故也？"无宇对曰："晏子衣缁布之衣，麋鹿之裘，栈轸之车，而驾驽马以朝，是隐君之赐也。”公曰：“诺。”晏子坐，酌者奉觞进之，曰：“君命浮子。”晏子曰：“何故也？”田桓子曰：“君赐之卿位以尊其身，宠之百万以富其家，群臣其爵莫尊于子，禄莫重于子。今子衣缁布之衣，麋鹿之裘，栈轸之车，而驾驽马以朝，是则隐君之赐也。故浮子。”晏子避席曰：“请饮而后辞乎，其辞而后饮乎？”公曰：“辞然后饮。”晏子曰：“君之赐卿位以尊其身，婴非敢为显受也，为行君令也；宠以百万以富其家，婴非敢为富受也，为通君赐也。臣闻古之贤臣，有受厚赐而不顾其国族，则过之；临事守职，不胜其任，则过之。君之内隶，臣之父兄，若有离散，在于野鄙，此臣之罪也。君之外隶，臣之所职，若有播亡，在于四方，此臣之罪也。兵革之不完，战车之不修，此臣之罪也。若夫弊车驽马以朝，意者非臣之罪乎？且臣以君之赐，父之党无不乘车者，母之党无不足于衣食者，妻之党无冻馁者，国之闲士待臣而后举火者数百家。如此者，为彰君赐乎，为隐君赐乎？”公曰：“善！为我浮无宇也。”

（《晏子春秋集释》，397 页）

齐人甚好毂击，相犯以为乐。禁之不止。晏子患之，乃为新车良马，出与人相犯也，曰：“毂击者不祥，臣其祭祀不顺，居处不敬乎？”下车而弃去之，然后国人乃不为。故曰：“禁之以制，而身不先行，民不能止。故化其心，莫若教也。”

（《晏子春秋集释》，372 页）

晏子聘于鲁，鲁昭公问焉：“吾闻之，莫三人而迷，今吾以鲁一国迷虑之，不免于乱，何也？”晏子对曰：“君之所尊举而富贵，入所以与图身，出所与图国，及左右逼迩，皆同于君之心者也。犒鲁国化而为一心，曾无与二，其何暇有三？夫逼迩于君之侧者，距本朝之势，国之所以治也；左右谗谀，相与塞善，行之所以衰也；士者持禄，游者养交，身之所以危也。诗曰：‘芃芃棫朴，薪之槱之，济济辟王，左右趋之。’此言古者圣王明君之使以善也。故外知事之情，而内得心之诚，是以不迷也。”

（《晏子春秋集释》，259 页）

晏子使吴，吴王谓行人曰：“吾闻晏婴，盖北方辩于辞，习于礼者也。命傧者‘客见则称天子请见。’”明日，晏子有事，行人曰：“天子请见。”晏子蹵然。行人又曰：“天子请见。”晏子蹵然。又曰：“天子请见。”晏子蹵然者三，曰：

“臣受命弊邑之君，将使于吴王之所，以不敏而迷惑，入于天子之朝，问吴王恶乎存？”然后吴王曰：“夫差请见。”见之以诸侯之礼。

（《晏子春秋集释》，388 页）

晏子使楚，以晏子短，楚人为小门于大门之侧而延晏子。晏子不入，曰：“使狗国者，从狗门入；今臣使楚，不当从此门入。”傧者更道从大门入，见楚王。王曰：“齐无人耶？”晏子对曰：“临淄三百闾，张袂成阴，挥汗成雨，比肩继踵而在，何为无人？”王曰：“然则子何为使乎？”晏子对曰：“齐命使，各有所主，其贤者使使贤王，不肖者使使不肖王。婴最不肖，故直使楚矣。”

（《晏子春秋集释》，389 页）

晏子将至楚，楚闻之，谓左右曰：“晏婴，齐之习辞者也，今方来，吾欲辱之，何以也？”左右对曰：“为其来也，臣请缚一人，过王而行，王曰：‘何为者也？’对曰：‘齐人也。’王曰：‘何坐？’曰：‘坐盗。’”晏子至，楚王赐晏子酒，酒酣，吏二缚一人诣王，王曰：“缚者曷为者也？”对曰："齐人也，坐盗。"王视晏子曰："齐人固善盗乎？"晏子避席对曰："婴闻之，橘生淮南则为橘，生于淮北则为枳，叶徒相似，其实味不同。所以然者何？水土异也。今民生长于齐不盗，入楚则盗，得无楚之水土使民善盗耶？"王笑曰："圣人非所与熙也，寡人反取病焉。"

（《晏子春秋集释》，392 页）

15

齐邹忌　高人高智开蒙蔽

优生的本能决定了艺术品味。美的标准总是和生命力的表现有关。难怪高大威猛、有款有型的男士，特别容易讨女性欢心，邹忌就是其中一位。

此刻，他美丽的妻子正满眼柔情地凝望着正在整理穿戴、准备上朝的丈夫——一位山东大汉。齐鲁健儿一般都很魁伟，邹忌“修八尺有余，身体昳丽”，更是超群出众。想起当年自己吸引并嫁给了这样一位美男子，众姊妹识与不识，人人羡慕，实在是幸福之至。

忽然她听到温柔而熟悉的、富有磁性的声音在询问：

“城北徐公跟我相比，谁更英俊？”

她娇媚地笑一笑，说：

“还用问吗？您若不是天下最美的，我又怎会嫁给您呢？”

唉，城北徐公是著名的美男子。我真的比他还英俊吗？老婆之言，不可尽听，还是再问一问吧。

那时的社会真好，对某些男人来说，几乎“人人”都有妻有妾。邹忌就以同样的问题，要他的一名侍妾回答。

侍妾正忙着给他的皮靴上油，把他的衣服熨直，把他的手帕折好；一听询问，慌忙站起身子说道：

“相公最英俊，徐大爷不及相公。”

唉，可能也是妇人之见。不如问问男人。

第二天，两个男人，从天气谈到打球、喝酒等。那客人正准备顺势而入，由健康之类的问题转到自己的困境，以便向邹忌有所请求；忽听他一问，立即定一定神，赔着笑说：

“哦，难怪朋友们都说你谦虚客气，不耻下问。其实，城中四大美男，以老兄为首，这早已是公论了。老徐好像是第二、第三之类吧。不过，可能连他自己也要承认，他落后于你不止一个马位。他矮你五分之一寸，中围稍粗，最重要的是后天锻炼不得法，而先天又不够好。譬如说，五官的搭配，腰腿的比例，他都不如你这么完美……”

唉，什么完美不完美。完美的是他，不是自己。

过了两天，徐公忽然造访，要为全国美男协会慈善筹款的事商讨商讨。记得上届选举，连自己都口服心服地投了他一票。刚柔合度，倜傥潇洒，谈吐举止无懈可击，真是造物主的杰作，男性的典范。

那客人，那侍妾，唉，连我的老婆，都是胡说！

他们不得不胡说，至少是为了讨我喜欢而不肯实说，或者是有偏见之说。妻子，是有爱于我。侍妾，是有畏于我。那客人，是有求于我。

照过好几番镜子，躺在床上想了好一阵子，邹忌终于想通了。

于是，他上朝谒见齐威王，从国际上男人打打杀杀的事，谈到国家里男人打扮的事，说：

“主上您看，我的情形是这样。主上的威风比我大千百倍，主上的领土一千多里，城池一百多座，宫中的妃嫔、近臣，朝中的文武百官，国内的士民百姓，以至外国的君王公卿，有求于大王的不计其数；有心无心的偏见，有意无意的误导，一定大多了！”

齐威王一听，大为赞同，于是下令：

“各级官吏和人民，凡能够当面指出我的过错的，受上赏；提出书面意见的，受中赏；在公众地方对我批评而被我知道的，受下赏。”

重赏之下，必有勇夫。原来真的是言者无罪，还有重赏。于是，大胆地坦白直言者有之，更大胆地鸡蛋里挑骨头者亦有之；总之是人人进谏，门庭若市。

这盛况维持了好一阵子，齐的国势和政治也昌明了好一阵子。

原文出处

邹忌修八尺有余，形貌昳丽。朝服衣冠，窥镜，谓其妻曰：“我孰与城北徐公美？”其妻曰：“君美甚，徐公何能及也！”城北徐公，齐国之美丽者也。忌不自信而问其妾，曰：“吾孰与徐公美？”妾曰：“徐公何能及君也！”旦日，客从外来，与坐谈，问之，曰：“吾与徐公孰美？”客曰：“徐公不若君之美也。”明日，徐公来，孰视之，自以为不如；窥镜而自视，又弗如远甚。暮，寝而思之，曰：“吾妻之美我者，私我也；妾之美我者，畏我也；客之美我者，欲有求于我也。”于是入朝，见威王，曰：“臣诚知不如徐公美，臣之妻私臣，臣之妾畏臣，臣之客欲有求于臣，皆以美于徐公。今齐地方千里，百二十城，宫妇左右，莫不私王；朝廷之臣，莫不畏王；四境之内，莫不有求于王。由此观之，王之蔽甚矣！”王曰：“善。”乃下令：“群臣吏民，能面刺寡人之过者，受上赏；上书谏寡人者，受中赏；能谤议于市朝，闻寡人之耳者，受下赏。”令初下，群臣进谏，门庭若市；数月之后，时时而间进；期年之后，虽欲言，无可进者。燕、赵、韩、魏闻之，皆朝于齐。此所谓战胜于朝廷。

（见《战国策·齐一》，诸祖耿编撰：《战国策集注汇考》（增补本），507页，南京：凤凰出版社，2008年。后《战国策》引文皆用此版本。）

16

赵触龙　闲话家常服女主

也难怪赵太后这些日子脸色都是黑沉沉的，家事国事天下事，事事烦心。丈夫惠文王死了，长子孝成王年幼不懂事，自己一向是有名地能干，现在当然义不容辞，要垂帘听政。偏偏西边那个虎狼之国又乘时扑噬过来，只有东邻的齐国力量够强，可以帮助自己抗秦；可恨他们又要求人质作为抵押，他们是担心出兵相助，我们忽然翻脸不认人，恩将仇报。哼！我们是这样的人吗？唉，不过也难怪，先夫就常常说：国际之间，就是这样尔虞我诈，你要吞掉他，我要暗算你。

不过最可恼的是他们竟要我的心肝宝贝做人质。若不是顾忌嫡长子继承的祖宗法制，若不是有“郑伯克段于鄢”之类的历史教训，我真想让小儿子长安君登上王位。他从小就这样可爱嘛！当然，大儿子也是自己生的，而且那班大臣一定有许多话说。

现在他们就已经说了太多话了。七嘴八舌，什么“社稷为重”呀，什么“危在旦夕”呀，早就听厌了。大道理谁不会讲？儿子不是你们的，你们当然不心疼。有人还说什么不要“因小失大”呢。小？小？女人最重要的就是丈夫和儿子，尤其是小儿子。最可恨的是不知哪个混蛋，还爆出一句什么“妇人之仁”“妇人之见”哼！等事情摆平了，有你们好看的。

现在姑且收拾心情，见见触龙。他是左师公，老臣子了。丈夫临去，还再三叮嘱要尊重他，多听他的意见。这人也蛮好的，只希望不要又是说那件事吧。恐怕十有八九，又是劝我允许把孩子做人质。孩儿啊，心肝肉啊！母亲怎舍得你！

我早就下了命令，谁再说那些浑话，我老婆子一定喷他一脸唾沫！触龙！触龙！你不要惹我生气！

*　　*　　*

左师公触龙毕竟是老了，看他又心急要上前，又蹒跚吃力的，是风湿关节炎吧？是痛风吧？人一老，就会双腿没力。看着他辛苦费力的样子，连太后心里都觉得怜悯。

“请太后恕罪。老臣腿脚不好，想快一点儿上前也不行了。许久没有向太后请安了。总是宽慰自己：腿不好，走不动嘛。不过心里实在挂念太后，所以请求拜见拜见。”

“谢谢左师公。老婆子腿也不好，不过幸亏有辇车代步。”

“每天的胃口好吗？”

“就吃点稀饭罢了。”

“老臣现在肠胃也差了。每天就散散步，走他三四里，胃口似乎好了一点，身体也舒泰了一些。”

“哦，我老婆子就做不到了。”

她脸上的乌云已经渐渐散去，重现了平时威严庄重之中的和蔼。

寒暄的话说得差不多了，应该转入国家大事了吧！

似乎并没有。一位为人父的正向另一位为人母的谈自己的儿子，请求照顾照顾：

“小儿舒祺，总是长不大。唉，不过老臣实在老了，难免有点儿疼他，希望能补一个宫廷黑衣侍卫的缺额，不晓得这个请求是不是过分了一点。这件事，冒死向太后禀报。”

“哦，小事情，当然可以，当然可以。小孩子多大了？”

“十五岁了，还是什么都不懂。希望趁自己还在，拜托太后照顾照顾他。”

太后失笑，说：

“你们男人也这样疼爱小儿子吗？”

“唉，比女人更甚呢！”

“恐怕不会吧？坦白说，我们妇道人家，总是特别宠爱小儿子。”

“老臣还以为太后疼爱女儿燕后，胜过疼小世子长安君呢！”

“不，不。不像疼长安君那么厉害。”

“老臣的错觉是这样来的：照理说，父母越疼爱子女，就越替他们的前途打算。太后当年送女儿嫁往燕国，握着她的脚后跟，因舍不得她而哭。迢迢千里，再见不易啊！真是够伤心的。她走了以后，太后当然不会不惦念她，不过每逢祭祀，太后就一定为她祈祷：‘不要让她回来。’一回来，就或者是被废，或者丈夫的国家发生什么不幸了。这难道不是为了她的长远打算，希望她有子有孙，相继做燕的国王吗？”

“你真明白我的心意呀。”

“从现在往上数，三世之前，也就是一百年前，赵氏建立国家的时候，赵王子孙封为侯爵的，他们的继承人还有存在的吗？”

“哦，没有了。”

“不只赵国，其他诸侯国国君的旁支，子孙三代相继为侯的，还有存在的吗？”

“好像没有听说过。”

“对了。难怪说富贵不过三代。难道国君的子孙就一定不长进吗？他们地位崇高，却没有功勋；俸禄优厚，却没有劳绩。有形无形的贵重东西拥有得太多，会令人妒忌。太后，您容许老臣坦白说，现在太后给长安君以尊贵的地位、富裕的封邑、贵重的珍宝，却没有趁早找机会令他有功劳于国家，使人民感念，使群臣心悦诚服；有朝一日太后百年，长安君凭什么使自己站稳呢？老臣因此觉得太后为长安君考虑得不够长远，太后爱他，不及爱女儿。”

聪明的太后到此明白了一切，叹口气说：

“好吧！任凭左师公怎么安排吧！”

赵国就为长安君备了一百辆车，到齐国做人质；齐军出动，秦就退兵了。

最懂得君王心理的韩非子说：“领袖就像龙，龙是可以亲近，甚至可以乘坐、控制的，只是千万不要碰到颈项下面逆生的鳞；一不小心碰到逆鳞，它就会痛得失去理性，乱子就大了！”触龙的名字真好：他恰巧正是一位善于接触龙而不为龙所噬的聪明臣子；由嘘寒问暖、闲话家常，到大谈儿女经，让对方解除戒备，自然而然地建立起“父母之爱子，则为之计深远”的家长共识，顺势带动这位为人君为人母的“女强人”的爱子之心，将其提升到为国家谋安全、为爱子谋幸福，公私两全的境界。

龙，是可以触的，就看怎样触法。

原文出处

赵太后新用事，秦急攻之。赵氏求救于齐。齐曰："必以长安君为质，兵乃出。"太后不肯，大臣强谏。太后明谓左右："有复言令长安君为质者，老妇必唾其面！"左师触龙愿见太后，太后盛气而揖之。入而徐趋，至而自谢，曰："老臣病足，曾不能疾走，不得见久矣！窃自恕，而恐太后玉体之有所隙也，故愿望见太后。"太后曰："老妇恃辇而行。"曰："日食饮得无衰乎？"曰："恃鬻耳。"曰："老臣今者殊不欲食，乃自强步，日三四里，少益耆食，和于身也。"太后曰："老妇不能。"太后之色少解。

左师公曰："老臣贱息舒祺，最少，不肖，而臣衰，窃爱怜之，愿令得补黑衣之数，以卫王官，没死以闻。"太后："敬诺。年几何矣？"对曰："十五岁矣。虽少，愿及未填沟壑而托之！"太后曰："丈夫亦爱怜其少子乎？"对曰："甚于妇人！"太后笑曰："妇人异甚！"对曰："老臣窃以为媪之爱燕后，贤于长安君。"曰："君过矣！不若长安君之甚！"左师公曰："父母之爱子，则为之计深远。媪之送燕后也，持其踵而为之泣，念悲其远也。亦哀之矣！已行，非弗思也，祭祀必祝之，祝曰：‘必勿使反。’岂非计久长有子孙相继为王也哉？”太后曰：“然。”左师公曰：“今三世以前，至于赵之为赵，赵主之子孙侯者，其继有在者乎？”曰：“无有。”曰：“微独赵，诸侯有在者乎？”曰：“老妇不闻也。”“此其近者祸及身，远者及其子孙。岂人主之子孙则必不善哉？位尊而无功，奉厚而无劳，而挟重器多也。今媪尊长安君之位，而封之以膏腴之地，多予之重器，而不及今令有功于国。一旦山陵崩，长安君何以自托于赵？老臣以媪为长安君计短也！故以为其爱不若燕后。”太后曰：“诺，恣君之所使之。”于是为长安君约车百乘质于齐。齐兵乃出。

（《战国策·赵四》，1120 页）

夫龙之为虫也，柔可狎而骑也，然其喉下有逆鳞径尺，若人有婴之者，则必杀人。人主亦有逆鳞，说者能无婴人主之逆鳞，则几矣。

（王先慎撰，钟哲点校：《韩非子集解》，94 页，北京：中华书局，2003 年）

17

淳于髡　巧辩失鹅得厚赏

著名滑稽大师淳于髡替齐王带礼物给楚王。礼物很奇怪，或者应该说，很珍奇，是一只天鹅。

一出城门，不知怎的，天鹅就飞了。

怎么办？怎么办？

好个淳于髡，提着空笼子，一面从齐到楚，一面盘算。

见到楚王，他说：

“下臣当时不忍天鹅路远口渴，经过河边，就放它出来了一下，怎知一下子就飞走了。

“当时下臣又痛悔，又焦急。要刺腹、绞颈，自我了断吧，又怕人家议论我们主上，因为一只鹅而弄到人自杀。要掉包吧，主上当然知道，鹅雁之类，模样都差不多，便是弄虚作假，欺骗人君，怎么办呢？

“当然还有一个办法，就是逃跑。不过，这样我们敬爱的两位元首的联络便因我而中断了。下臣不能这样做。

“最后，下臣想通了，还是跑来向主上谢罪，诚实地向主上解释。坦白是应该的，是不是从宽处理，就任凭主上发落了。”

楚王大为感动。

“好啊！你们齐王手下，有这样诚实的人啊！”

最后，淳于髡得到了大大的赏赐。

原文出处

昔者齐王使淳于髡献鹄于楚，出邑门，道飞其鹄。徒揭空笼，造诈成辞，往见楚王曰：“齐王使臣来献鹄，过于水上，不忍鹄之渴，出而饮之，去我飞亡。吾欲刺腹绞颈而死，恐人之议吾王，以鸟兽之故，令士自伤也。鹄毛物，多相类者，吾欲买而代之，是不信而欺吾王也。欲赴佗国奔亡，痛吾两主使不通，故来服过，叩头受罪大王。”楚王曰：“善，齐王有信士若此哉！”厚赐之，财倍鹄在也。

（泷川资言考证：《史记会注考证》，卷一百二十六，5055 页，北京：文学古籍刊行社，1955 年）

18

贤亚圣　滔滔雄辩张儒学

说到中国文化，谈起古人的锦心绣口、妙笔生花，不能不提孟子（约公元前372—前289年）。

孟子所处的时代，列国生存竞争酷烈，诸子百家风起云涌。如果他冷肠，可以与独善其身、逍遥自得的杨朱、庄周同调；如果他热衷，可以跟从法墨之徒、纵横之士，去竞取富贵——他当然也是热衷，不过是杜甫所谓“穷年忧黎元，叹息肠内热”那种“热衷”。所以，他既不取无是无非、明哲保身的道家态度，也不走尊君卑民、急功近利的法家路线，更不加入鼓吹兼爱、反对礼乐的墨家之流；更将苏秦、张仪之徒曲说骋词、诱说人君以谋取权位利禄之行，鄙为“无违夫子，以顺为正”的“妾妇之道”。他宗奉孔子，以“恻隐”“羞恶”“辞让”“是非”之心为“仁义礼智”之四端，阐发人性的特质在于“善”。他以仁政王道的理论，游说诸侯，被认为是迂腐空泛，毫不实际。不过，他总坚信，功利之术虽然立竿见影，可是这“竿”一定会很快倒下。后来短命的秦王朝就是一个好例子，如果不以人性良知为基础，不从教育入手，不以爱民为目的，那么一切都是邪僻的学说、错误的行为。为了弘扬儒家仁义之说，他四面受敌，自然得不断与人论争，于是也“赢”得了“好辩”的讥讽。

*　*　*

以滑稽著名的淳于髡想为难孟子，问他说：

“‘男女授受不亲’，是礼吗？”

“是。”

淳于髡心中暗叫“得计”，立即追问：

“那么，嫂嫂跌下了井，是用手拉她，还是不拉？”

孟子驳斥这种自以为聪明的质疑，说：

“所谓礼，有通常和规范的一面，也有权宜变化的一面。男女之间，避免身体接触，是平时的以礼自防；但碰到非常的事情发生，仍然见死不救，那就是豺狼了！”

淳于髡还想勉强支开话题，又说：

“现在天下都沉溺了，你为什么不出手拯救呢？”

孟子就答道：

“救嫂嫂，要用手；救天下，要用道理。你难道想赤手空拳救天下吗？”

*　*　*

有些诸侯也喜欢和孟子辩辩道理。经常跟孟子讨论内政、外交、军事、经济问题的齐宣王，有一次忽然问他：

“商汤放逐夏桀，武王讨伐商纣，有这些事吗？”

“书上是有这个记载。”

孟子谨慎地回答。

“奇怪！”齐宣王立即逼上一句：

“以臣弑君，可以吗？”

可以？当然不行；否则，儒家还提倡什么纲常伦理？

不可以？也不行；否则，儒家还标举什么禹汤文武？

怎么办？怎么办？

孟子不慌不忙地答道：

“伤害仁爱的，就称之为‘贼’；破坏公义的，就称之为

‘残’。残贼的人，就是众叛亲离的‘独夫’，所以，我们只听说诛了那个独夫商纣，没有听说是以臣弑君啊！”

对了。桀、纣不配为君；汤、武也就并非人臣，所以，“放”“伐”的行为，乃是“吊民伐罪”的义举，并非弑篡的恶行，也就再明白不过了。

* * *

有一次，孟子跟齐宣王提起仁者、智者与邻国相处之道，宣王说：

“你的话讲得真好呀！可惜我有个毛病：喜欢勇武，喜欢打架。”

孟子说：

“喜斗好勇不要紧，要紧是好大勇，喜欢和罪恶战斗，像文王、武王，因为普世百姓受苦，动了义愤，于是‘一怒而安天下之民’，这就是大勇了。”

稍后宣王又说：

“我还有一个大毛病，就是爱财好利，见钱眼开。”

孟子说：

“这也不打紧。”

“从前，周的先代贤君公刘也很喜爱财富。在他的领导下，周人搞活了经济，促进了生产，结果安居的仓廪丰满，旅行的囊有粮，人人丰衣足食。所以，君主好利不要紧，要紧的是使普天下人民得利。”

齐宣王唯有出最后一道板斧了，他承认自己也有许多男人的通病——好色。孟子心里笑一笑，说：

“更不打紧。从前周的太王——文王的祖父，也对女性极有兴趣。《诗经》描写他骑着马，带着爱人，跑到岐山下的河边，两口子找寻地方，建筑爱巢，有商有量，甜甜蜜蜜。所以，做领袖的好色不要紧，要紧的是了解群众的自然需要，而导之于正轨，使得内无婚姻没着落的怨女，外无找不到妻子的光棍汉子。人民家庭生活健康，社会就容易安定，国家的繁荣发展，也就有巩固的基础。”

见招拆招，锲而不舍，从中可见孟子是怎样立场一贯，而开导多方。

*　　*　　*

最著名的，是和陈相的那场辩论。陈相本属儒家，后来被标榜“神农之言”的许行学派吸引，跑了过去，回来还对孟子大发议论，认为一个真正贤明的国君，应该自食其力。他必须与百姓共同耕种，早晚两顿饭，都要自己做，才不是一个剥削人民的君主。儒家是主张社会分工，各尽所能、各取所值的。孟子就和他展开了一连串的短问短答：

“许行先生一定自己种田，才有饭吃吗？”

“当然。”

“许先生是自己织布，才有衣穿吗？”

“不。许先生穿粗麻织成的褐。”

“戴帽子吗？”

“戴。”

“自己织的吗？”

“不，用米换的。”

“为什么不织？”

“要耕田，没空嘛。”

“好。许先生用铜锅、瓦甑做饭，用铁犁耕田吗？”

“是。”

“自己造的？”

“不，用米换的。”

——第二次提到“换”了。公平交易，哪里存在谁剥削谁的问题呢？孟子就化短问为炮发连珠了：

“好。用米来换器械，不能说是剥削陶工、铁匠；陶工、铁匠也用他们所造的器械来换取米粮，难道就是剥削农夫吗？况且，许先生为什么不兼做陶工、铁匠，以至所有其他各行各业，这样，便可以什么东西都是‘许家自制’，而不假外求了。为什么要拿米和这个交易，和那个交易？交易、交易，没完没了，为什么许先生这样不怕麻烦？”

“唉，千百种职业、工作，当然是不能又耕田，又兼着做的。”

“难道政治这么复杂、这么重要的工作就可以一面耕田，一面兼着做吗？”

孟子针对这些人的“小农心态”，当头棒喝，大开其茅塞：

“要知道：社会上的事情，有些是领导者做的，有些是平凡人做的。一个人的生活需要，衣食住行，要靠多少种行业的工作成果才可以供应完备啊！如果种种东西都要自己制造才可以使用，那不是把全世界的人都推到疲于奔命的路上去了吗？

“所以，社会分工是必然的。有些人从事脑力劳动，有些人从事体力劳动。从事体力劳动的接受管理，从事脑力劳动的负责管理。负责管理的人接受供养，接受管理的人负责供养，这才是普天下的大道理啊！”

——“劳心者治人，劳力者治于人；治于人者食人，治人者食于人。”孟子这个著名的讲法，许多人或者听来不大痛快，或者痛加批判，不过，恐怕谁也不能否认即使是在“绝对平等党”内，党员也需要一位发号施令的领袖，而“不耕不食大同盟”的盟友，也不能一面忙于组织、宣传，一面还得下田插秧、灌溉、收割、打谷、烹饪，然后才有饭吃吧。

事实上，一个公平合理、全民参与的社会，治人者同时也是被治者，被食者同时也是食人者。“食”，此处音“饲”（sì），“供养”的意思，上同。这一点，如果孟子生在今日，想必也会赞同吧。

原文出处

淳于髡曰："男女授受不亲，礼与？"

孟子曰："礼也。"

曰："嫂溺，则援之以手乎？"

曰："嫂溺不援，是豺狼也。男女授受不亲，礼也。嫂溺援之以手者，权也。"

曰："今天下溺矣，夫子之不援，何也？"

曰："天下溺，援之以道；嫂溺，援之以手。子欲手援天下乎？"

（见《孟子·离娄上》，杨伯峻译注：《孟子译注》，264页，香港：中华书局，2018年。后《孟子》引文皆用此版本。）

齐宣王问曰："汤放桀，武王伐纣，有诸？"

孟子对曰："于传有之。"

曰："臣弑其君，可乎？"

曰："贼仁者，谓之贼；贼义者，谓之残。残贼之人，谓之一夫。闻诛一夫纣矣，未闻弑君也。"

（《孟子·梁惠王下》，76 页）

王曰：“大哉言矣！寡人有疾，寡人好勇。”

对曰：“王请无好小勇。夫抚剑疾视曰：‘彼恶敢当我哉！’此匹夫之勇，敌一人者也。王请大之。《诗》云：‘王赫斯怒，爰整其旅，以遏徂莒，以笃周祜，以对于天下’，此文王之勇也。文王一怒而安天下之民。《书》曰：‘天降下民，作之君，作之师，惟曰其助上帝宠之。四方有罪无罪惟我在，天下曷敢有越厥志？’一人衡行于天下，武王耻之，此武王之勇也。而武王亦一怒而安天下之民。今王亦一怒而安天下之民，民惟恐王之不好勇也。”

（《孟子·梁惠王下》，61 页）

王曰：“寡人有疾，寡人好货。”

对曰：“昔者公刘好货。《诗》云：‘乃积乃仓，乃裹粮，于橐于囊，思戢用光；弓矢斯张，干戈戚扬，爰方启行。’故居者有积仓，行者有裹囊也，然后可以爰方启行。王如好货，与百姓同之，于王何有？”

王曰：“寡人有疾，寡人好色。”

对曰：“昔者太王好色，爱厥妃。《诗》云：‘古公亶父，来朝走马，率西水浒，至于岐下；爰及姜女，聿来胥宇。’当是时也，内无怨女，外无旷夫。王如好色，与百姓同之，于王何有？”

（《孟子·梁惠王下》，68页）

陈相见孟子，道许行之言曰：“滕君则诚贤君也；虽然，未闻道也。贤者与民并耕而食，饔飧而治。今也滕有仓廪府库，则是厉民而以自养也，恶得贤？”

孟子曰：“许子必种粟而后食乎？”

曰：“然。”

“许子必织布而后衣乎？”

曰：“否，许子衣褐。”

“许子冠乎？”

曰：“冠。”

曰：“奚冠？”

曰：“冠素。”

曰：“自织之与？”

曰：“否，以粟易之。”

曰：“许子奚为不自织？”

曰：“害于耕。”

曰："许子以釜甑爨、以铁耕乎？"

曰："然。"

"自为之与？"

曰："否，以粟易之。"

"以粟易械器者，不为厉陶冶；陶冶亦以械器易粟者，岂为厉农夫哉？且许子何不为陶冶，舍皆取诸其宫中而用之？何为纷纷然与百工交易？何许子之不惮烦？"

曰："百工之事，固不可耕且为也。"

"然则治天下独可耕且为与？有大人之事，有小人之事。且一人之身，而百工之所为备。如必自为而后用之，是率天下而路也。故曰：或劳心，或劳力；劳心者治人，劳力者治于人；治于人者食人，治人者食于人，天下之通义也。"

（《孟子·滕文公上》，190 页）

19

齐陈轸　画蛇添足止昭阳

楚国地广人多，兵精粮足，令尹（相当于丞相）兼大将军昭阳足智多谋，刚刚北伐魏国，夺取了八座城池，现在正要贾其余勇，东征齐国。

齐王大为惊恐，派陈轸去谒见昭阳，看看能不能劝他罢手。

陈轸一见昭阳，就热烈道贺：

“恭喜！恭喜！令尹阁下战无不胜，攻无不克，神武英明，佩服！佩服！”

“说得好！说得好！多谢，多谢！”

“请问阁下：像阁下这般覆灭敌军、斩杀敌将的伟大功劳，贵国有什么奖赏？”

他不是来求饶，竟是来道贺的，又问这些东西，奇怪。

“哦，我们的奖赏制度很清楚：升为武官最高阶的上柱国，领的是最高荣誉上执珪爵位。”

“更高一些呢？”

“就是令尹了。”

“全国有几个？”

“当然只有一个令尹。”

“是，是。令尹是楚王以下第一人，也是唯一的最高执行者。谁能跟阁下相比？”

“这个当然。”

“让我说个故事，助助兴好吗？”

* * *

有人举行春祭，完事之后，办事的人获得赏酒。

不知怎的，酒实在不多，那班人就商议说：

“这酒，好是好，就是少了一点。大家都喝，大家都不够；一个人喝，就过足瘾了。这样吧，把它当作奖品，我们在地上画蛇，谁先画好，谁就拿去喝。”

“好”字还没说完，各人就已经动笔了。某甲当年念书，美术科成绩经常高于其他科；只见他龙飞凤舞，地上很快就画出，不，跑出一条活生生的蛇。

“好！你们看，我多快！”于是取过那酒，正要饮下。许是太兴奋了，右手的笔还舍不得放下。

“其实我的画，真的又快又好。你们看这条蛇，简直生动极了！你们看它不但张牙，而且舞爪——”

他一面说，一面继续左手持着酒杯，右手在那里画。

“爪什么！蛇有爪的吗？你这条东西，下面多了些脚爪，根本就不是蛇！”

某乙刚好稍慢一步画成了蛇，立即放下笔，一把把某甲的酒抢了过去，一面嘲骂，一面喝光了酒，一滴也不剩。

只剩下某甲干瞪着眼，某丙、某丁有点儿无可奈何，而又有点儿快意。

*　　*　　*

“你这故事，有趣是有趣，是什么意思？”

“令尹阁下当然懂得它的意思了。令尹这个最高官位，在楚国只有一个，阁下早已是令尹，纵使功业更高，又怎能再升呢？破了魏，又攻齐，胜利当然没问题，对阁下又有什么好处呢？而且位极人臣，又功高震主，不怕突然有不测之祸吗？就像那故事，某甲当初如果及时收手，不添加足爪，酒又怎会给人抢去呢？”

昭阳于是请陈轸喝酒，并撤回了他的爪——军队。

原文出处

昭阳为楚伐魏，覆军杀将，得八城，移兵而攻齐。陈轸为齐王使，见昭阳，再拜贺战胜，起而问："楚之法，覆军杀将，其官爵何也？"昭阳曰："官为上柱国，爵为上执珪。"陈轸曰："异贵于此者何也？"曰："唯令尹耳。"陈轸曰："令尹贵矣！王非置两令尹也，臣窃为公譬，可乎？楚有祠者，赐其舍人卮酒。舍人相谓曰：'数人饮之不足，一人饮之有余。请各画地为蛇，先成者饮酒。'一人蛇先成，引酒且饮，乃左手持卮，右手画蛇，曰：'吾能为之足。'足未成，一人之蛇成，夺其卮，曰：'蛇固无足，子安能为之足？'遂饮其酒。为蛇足者终亡其酒。今君相楚而攻魏，破军杀将，得八城，又移兵欲攻齐，齐畏公甚，公以是为名，足矣。官之上非可重也。战无不胜而不知止者，身且死，爵且后归，犹为蛇足也。"昭阳以为然，解军而去。

（《战国策·齐二》，545 页）

20

智策士　犬兔蚌鹬说群王

战国中期，秦越来越强大。那时东方六国当然做梦也想不到后来尽灭于秦的悲惨结局，还在互相攻伐，争霸不休，以致兵连祸结，生灵涂炭。追源祸始，往往是那些“含着银匙出生”的所谓的“金枝玉叶”，一方面糊涂低能，一方面又逞强好胜，意气盛而见识短，于是害人害己。

对于这些坐上了王位的人类动物，游说者也唯有用动物作巧妙的比喻，来分析利害，劝止劝止。

* * *

齐威王又想逞威风，攻打魏国。淳于髡对他说：

“天下第一快犬，忽然看到世界首席狡兔，于是追风奔雷，猛扑过去，几乎是同一时间，那狡兔立即警觉，以相同的速度逃命。猎犬和狡兔环绕着山腰跑了三圈，又翻山越岭奔了五趟，结果前面的兔子心力衰竭，后面的猎犬也瘫软倒下，一同就地死去。路过的农夫，于是毫不费力，顺手收拾了它们，白得了好几顿的野味。”

“你的意思是——”

“齐与魏长期缠斗，人也伤亡疲倦，兵器也耗损毁坏，强大的秦、楚乘机打过来，不是很容易得手吗？”

于是战争的危机暂时止住了一阵子。

* * *

北方的烽烟又起：赵国要攻打燕国。

苏秦的弟弟苏代跑去对赵惠王说：

“这次我来，经过易水，看到奇景。”

“什么奇景？”

“有只蚌，刚刚张开两扇壳，准备晒晒太阳。一只鹬鸟立即飞过来，要啄食中间美味的肉。说时迟，那时快，那蚌把两壳一合，紧紧夹住了鹬的长嘴。那鸟死命想抽出，哪里抽得动？不过蚌也动不了身、回不了水。只听得鹬鸟吱吱呀呀地诅咒：

‘今天不下雨，明天不下雨，你死蚌便变成干肉脯！’

“那蚌也并不示弱，一面继续夹着鹬嘴，一面咿咿唔唔地回骂：

‘今天拉不出嘴，明天抽不出嘴，你这恶鸟便要饿死！’

“它们相持不下，渔夫经过，正好手到擒来，一同带了回去。”

“你告诉我这件事是什么意思？”

“赵和燕这样缠斗下去，两家都得不到好处；只便宜了那秦国，让他们坐收其利。”

赵惠王于是停止出兵。

原文出处

齐欲伐魏，淳于髡谓齐王曰：“韩子卢者，天下之壮犬也；东郭逡者，海内之狡兔也。韩子卢逐东郭逡，环山者三，腾冈者五，兔极于前，犬疲于后，犬兔俱罢，各死其处。田父见而获之，无劳倦之苦而擅其功。今齐、魏久相持，以顿其兵，弊其众，臣恐强秦大楚承其后，有田父之功。”齐王惧，休将士。

（《战国策·齐三》，585 页）

赵且伐燕，苏代为燕谓惠王曰：“今者臣来，过易水，蚌方出曝，而鹬啄其肉，蚌合而拑其喙。鹬曰：‘今日不雨，明日不雨，即有死蚌。’蚌亦谓鹬曰：‘今日不出，明日不出，即有死鹬。’两者不肯相舍，渔者得而并禽之。今赵且伐燕，燕、赵久相支，以弊大众，臣恐强秦之为渔父也。故愿王之熟计之也。”惠王曰：“善。”乃止。

（《战国策·燕二》，1631 页）

21

好门客　三字惊人海大鱼

孟尝君食客三千，古今传为美谈，其实自他父亲田婴始，就早已供应免费早午晚餐给一班门客了。有一次，他要替自己的封邑薛地兴建城墙。因为劳民伤财，许多门客都去规劝。田婴听厌了，干脆就下命令：

“不必替他们通报！”

有个齐国人请求谒见，说：

“我只讲三个字。如果多一个字，我愿受烹刑！”

哈！这人活得不耐烦了。我也闷得不耐烦，就听听他说些什么吧。搞点儿新鲜的，也好。

那人急急走上来，一板一眼、清清楚楚地说，不是“说”，是“宣读”，了三个字。

真的三个字。

“海——大——鱼。”

什么？什么意思？

正想追问，那人已经急急跑开。

“留步！留步！追他回来！回来！”

“啊不！不！不要拿我的性命开玩笑。变了白灼虾，不是好玩的。”

“算了吧。答应你，不会处死。你尽管说吧。”

“真的？”

“真的。”

“好。海大鱼，很简单。别国的人没机会看见，我们齐国人看得多。海上一条大鱼，好大好大！钩，钓不上；网，拦不住。浮沉上下，多快乐！横冲直撞，多写意！可是，千万不要离开水。一旦失了水，搁浅了，渴僵了，连小虫小蚁都爬过去咬它吃它——”

田婴听得入了神，不禁把头点了又点。

“所以嘛，阁下德高望重，权力大，位置高，就像海里的大鱼，翻江倒浪，纵横任意，而齐国就是阁下的海水。如果齐国在，要筑薛城来做什么？如果没有了齐国，筑薛城又有什么用？”

筑城的计划，便搁置了。

原文出处

靖郭君将城薛，客多以谏。靖郭君谓谒者："无为客通！"齐人有请者，曰："臣请三言而已矣，益一言，臣请烹！"靖郭君因见之。客趋而进，曰："海大鱼。"因反走。君曰："客有于此。"客曰："鄙臣不敢以死为戏。"君曰："亡，更言之。"对曰："君不闻海大鱼乎？网不能止，钩不能牵，荡而失水，则蝼蚁得意焉。今夫齐，亦君之水也。君长有齐阴，奚以薛为？失齐，虽隆薛之城到于天，犹之无益也。"君曰："善。"乃辍城薛。

（《战国策·齐一》，475页）

22

越使者　终身断发一枝梅

每个地方风俗习惯的形成，总有其历史和地理的因素。人又有个易犯的错误，即《汉书》所谓的“安其所习，毁所不见，终以自蔽”。安于自己所习惯的，以为是天经地义、金科玉律，人家的就认为是奇风异俗，甚至是伤风败俗、劣风陋俗、低等。

有一天，不知什么缘故，越国派使者送给魏王一份礼物——一枝梅花。朝廷上人人觉得奇怪。有个姓韩的臣子，表现得比魏王还愤慨：

“哼！哪有送一枝梅花给国君的？简直太野蛮、太不可理喻了！无礼之人，让我替文明社会的大家好好教训他！”

他便抢出朝廷，对越国使者说：

“我们大王有令：戴帽子的，才是文明社会的宾客；不戴的，我们不接见！”

越国使者说：

“我们越国也是周天子所分封，只不过所得的不是中原封地，而是东南海边，替天子把守天下最外围的地区，在与大蛇、大爬虫的斗争中生存。大家知道，我们常常要下海，所以要剪断头发、文了身，象征是龙的儿子，以避开水神。现在贵国这样规定，实在很有问题。如果贵国使者经过敝邑，我们也发出命令：‘宾客要剪断头发、文了身，然后接见。’贵国使者是否照办？假如贵国现在要坚持，我们唯有照贵国的意思办；否则，请让我们保持自己的风俗。”

魏王听了，就立即斥退姓韩的，穿戴起礼服，接见越国的使者。

原文出处

越使诸发执一枝梅遗梁王，梁王之臣曰韩子，顾谓左右曰：“恶有以一枝梅，乃遗列国之君者乎？请为二三子惭之。”出谓诸发曰：“大王有命，客冠则以礼见，不冠则否。”诸发曰：“彼越亦天子之封也。不得冀、兖之州，乃处海垂之际，屏外蕃以为居，而蛟龙又与我争焉。是以剪发文身，烂然成章，以像龙子者，将避水神也。令大国其命，冠则见以礼，不冠则否。假令大国之使，时过弊邑，弊邑之君亦有命矣，曰：‘客必剪发文身，然后见之。’于大国何如？意而安之，愿假冠以见，意如不安，愿无变国俗。”梁王闻之，披衣出，以见诸发。令逐韩子。诗曰：“维君子使，媚于天子。”若此之谓也。

（刘向撰，向宗鲁校证：《说苑校证》，302页，北京：中华书局，1987年）

23

巧苏秦　土偶桃梗止孟尝

人的兴致一来，有时谁都劝止不了。特别是少年得志的公子哥儿，从小到大，人人奉承，事事遂心，哪禁得起半点拂逆？孟尝君田文身为齐国第一宗亲贵族，继承田氏历代余荫，本来教养甚好，名誉很高。他礼贤下士，食客三千，是国际级的大人物，连远在西方的秦昭王都要邀请他来访问访问。在那时的所谓天下，秦是“泰西”，齐在“远东”，也可算是东西高峰会议了。

那时强盛的秦已经是战国七雄之首，人人都畏惧这“虎狼之国”；能够获得这个超级大邦的元首的邀请，几乎没有人不会高兴得惶恐，兴奋到失控。享受着大富贵、见惯了大场面的孟尝君，也禁不住兴奋，以致拒绝了数以百计的谏止。著名的纵横家、倡导六国联合以抗秦的苏秦打算谏阻他，也受到比较礼貌的拒绝：

“人的事，我全都听过了，也不想再听了，除非是鬼的事！”

“对，就是鬼的故事。有兴趣听听吗？”

唉，好吧。姑且听听吧。

“这次来到齐国的淄水旁边时，听到一些鬼话。”

什么鬼话？

“泥偶像和桃雕像两个幽灵的对话。”

说些什么？

“桃枝偶像对泥土偶像说：

‘你啊，我真替你担心。你本是淄水岸边的泥土，给人家弄弄捏捏，变成了人的模样。一到八月雨季，河水一涨，你又跑不动、逃不了，一定会被泡成烂泥浆！’

‘老兄也不必替小弟担心。’

“土偶微笑着回答桃梗：

‘灵归于灵，土归于土。我本来就是河岸的泥土，还我本来，有什么好担心的呢？’

“桃梗眨眨眼，听着朋友说下去。

‘应该担心的反而是你。你本来是东方的桃木。据说有辟邪的神通，被人雕雕刻刻，变成了人的样子。大水一冲，你就不只离土辞根，简直是随波逐流，不晓得漂浮到哪里去了！’”

——东方的木，东方的木神，不就是自己吗？

“对了。孟尝君您，在东方的齐国——自己的祖国，何等尊贵，何等显赫。可是，一旦离开了自己巩固的基础，到那遥远的西方，那神秘的、太多恐怖传闻的西方，一旦回不来了——”

孟尝君听后，也就打消了赴秦之意。

原文出处

孟尝君将入秦，止者千数而弗听。苏秦欲止之，孟尝君曰：“人事者，吾已尽知之矣；吾所未闻者，独鬼事耳。”苏秦曰：“臣之来也，固不敢言人事也，固且以鬼事见君矣。”孟尝君见之。谓孟尝君曰：“今者臣来，过于淄上，有土偶人与木偶人相与语。木偶人谓土偶人曰：‘子，西岸之土也，埏子以为人，至岁八月，降雨下，淄水至，则子残矣。’土偶人曰：‘不然。吾西岸之土也，吾残，则复西岸耳。今子，东国之桃梗也，刻削以为人，降雨下，淄水至，流子而去，则子漂漂然将何所之也？’今秦，四塞之国也，譬若虎口，而君入之，则臣不知君所出矣。”孟尝君乃止。

（《战国策·齐三》，564 页）

24

燕乐毅　名成功立报君王

你是一位才华卓绝的军事家，受赏识于礼贤下士的国君，建立了不世的功业。但是，就在你与敌人缠斗之际，知己的元首逝世，继位者因为旧日嫌怨，再加上新近又中了敌人反间之计，竟把兵权夺了给予别人，你于是避祸他逃，军队也就转胜为败。这位新君竟然来信责备，怪你不应该离职去国，并且说你有倒戈反击的嫌疑，对不起故主云云——这封信，你怎样答复？

两千三百年前的名将乐毅，此刻就在考虑怎样答复。

那个时代，列国吞并、决战，比春秋时期更为频繁，生存竞争更为惨烈，国家数目大大减少，各国疆土大大增加，超级强国更有争夺天下唯一霸主而尽吞其余之势。为世所重的政治、军事人才，往往去就于列强之间，就像现代的商业奇才，被同行如敌国的各大公司争相聘用。乐毅本是中山（位于今河北）人，起初以军事才能驰名于赵，后来南下魏国发展，代表魏王东使燕国，燕昭王极力礼敬他，希望报复南方骄暴的齐湣王屡屡侵伐掠夺之怨。楚、韩、赵、魏等对齐也素来不满，于是以乐毅为统帅，五国联军大破齐师。诸侯罢兵之后，燕军继续挺进。五年之间，攻下齐国七十多座城池，齐都临淄也告陷落，只剩莒与即墨两处。齐湣王四处逃亡后被人杀死。被封为昌国君的乐毅包围即墨，正在找机会决战。

就在这个时候，燕昭王病死，曾经与乐毅有过节的太子即位为惠王。坚守即墨的齐将田单，足智多谋，立即散播谣言，说乐毅这么能干，而久攻两城不下，是故意如此，以巩固军权，图谋不轨，以往碍于昭王的情谊，现在正好准备篡位了。惠王果然中计，又惊又怒，立即以骑劫代为主帅，召回乐毅。乐毅恐怕回燕被害，就投奔赵国，被封为望诸君。

阵前易帅，是兵家大忌。燕军的士气与纪律于是大坏。田单命令即墨人民食前必在庭中祭祀，吃剩的东西吸引了大批飞鸟，于是田单顺势使人散布仙人下降帮助齐国的神话——燕、齐邻近大海，都是阴阳鬼神学说最盛的国家。另外，齐人又假传消息，说神灵最忌燕军把俘虏削去鼻子放在军前，又怕燕军发掘城外坟墓，焚烧死尸。燕人都信以为真，一一照办，结果激起齐人怨愤无比的斗志。田单全家都与兵卒一同饮食、工作，又安排老弱妇孺穿上军服，遮住精壮的正规军士出去巡城，另外派人伪装成城中富户私自出城，贿赂燕军，请他们入城时特别放过，诸如此类；燕军就又骄傲又懈怠了。

田单在城中搜集了千余头牛，披上五彩斑斓的龙纹罩衣，角上绑了锋利的刺刀，尾上系着浸透油脂的苇草，同时把城墙凿开了几十个洞。乘着黑夜，洞一凿开，就点燃牛尾的草，那千余头又惊又痛又怒的蛮牛，纷纷从洞口冲出，扮成鬼怪模样的齐军随后衔枚冲杀。城中老弱全部敲锣击鼓，声音震天动地。可怜燕军从睡梦中忽然惊醒，只见一片混乱喧闹，杀来的是无数妖魔鬼怪，也来不及披戴盔甲、执拿兵器，都争相逃走，于是死伤无数，主帅骑劫（这名字真坏）也在乱军之中被杀。齐军乘胜追击，七十多座城池一一收复。

这时的燕惠王，后悔、惭愧、愤怒、惧怕、焦急，什么都来了。他怕怨愤的乐毅会率赵军乘机打来，就派人责问乐毅说：

“你不会忘记先王是怎样信任你、重用你的吧？你过去的功劳，我并非不记得。先王去世，我刚刚即位，没有经验，被左右的人误导了。不过，我叫你回来，是恐怕你在外太过辛苦，要你回来休息休息，并且商量大计，想不到你竟然背弃先王以往的情义，跑到赵国去。你替自己打算，真有办法啊！你怎么对得起先王对你的礼遇呢？”

对这样一个死不悔改的故主之子，这样一封无礼又无理的信，乐毅该怎样回答？

不看僧面看佛面，到底对方还是一国之君、自己的旧君主。他保持礼貌、委婉的语气，顺着对方所谓“新即位”“为左右所误”，首先解释当初不得不出走和现在写这封信的原因：

“下臣没有才智，不能够秉承先王的教导，顺应您的心意，恐怕有不测之事，以致损害了先王的美名，并且累您蒙上枉杀功臣的罪名，伤害了道义，所以逃遁来赵国。自己背上了不好的罪名，所以不敢用说话来表白。现在主上派人来数说下臣的罪过，下臣恐怕主上左右不明白先王重用、厚待下臣的原因，又不明白下臣为先王办事的用心，所以敢于用这封信来回答。”

短短的开场白，极精简，极含蓄，可以说是全信的总纲。乐毅跟着申明了一个由无数国破家亡的痛苦事实而得出的教训：

“圣贤的君主，俸禄不是亲谁就给谁，是给予有功劳的人；官职不是爱谁就给谁，是给予有能力的人。”

所以，“察能而授官”，才是“成功之君”，“论行而结交”，才是“立名之士”。这句精警的话，暗示燕国这次由大胜而大败，就是因为为君的没有“察能而授官”，反而把兵权授予所亲近的低能将领。另一方面，才能卓越、追求荣誉的人（包括自己）就要看谁的行为合理，就和谁结为宾主，就如常言所说的，“贤臣择主而事”，并不存在“对谁不忠”的问题。

他追述：昔日燕昭王重用自己，是知人善任，为国求贤，所以授予统帅的高位；自己也因为君臣之间如鱼得水，像好朋友，自己的军事学问得到赏识，才华得到施展，所以乐于接受委任。燕昭王最大的心愿是向齐报仇——燕王哙误信相国子之，引起混乱，齐王乘机侵燕，杀燕王哙，几乎灭燕。昭王继位，立志要洗雪国耻；乐毅感激知己，就替他想办法。齐是春秋五霸之首，国力极强，战国时期，威势仍盛，屡次战胜邻国，燕一定要与许多诸侯联合，才有足够的力量对付。所以，最好首先与强大的赵国联盟，从齐的正北、西北方面夹攻，而齐国所据淮北、宋地，是楚、魏垂涎之处。如果四国联兵，就可以大破齐军了。由于自己竭忠尽智，将士用命，果然战功显赫，席卷河北、济上之地，轻卒锐兵，直陷齐都，湣王遁而走莒，齐国立国以来差不多八百年积累的无数珠玉财宝、车甲珍器，以至齐国大地，尽为燕有。自五霸以来，未有这样的盛况。所以，论功行赏，自己也被封为昌国君，这是爵有应得，而且也报答了先王的知遇之恩。

乐毅随后用“贤圣之君，功立而不废”“蚤知之士，名成而不毁”这两句精警的话，引出下文。保存自己的荣誉，也就是保存先王的知人之明，甚至是保存对方，使不致背上误诛功臣的丑谥。至于燕惠王倒行逆施，以致堕失先王的伟功，毁了燕国胜利的果实，这是自取其咎，不言而喻，也就无话可说了。

再跟着是叙述当时的一件惊心动魄、沉痛无比的大事：吴王阖闾重用伍员（子胥），攻入楚都，伍员又辅佐继任之君夫差破越。骄满的夫差后来拒绝伍员的劝谏，不提防勾践的复仇，甚至迫伍员自杀，把他的尸骸包在皮袋里丢进江中。夫差是拒绝了先王遗臣、自己的忠臣的先见之明而致亡国，伍员是疏忽了两代君主器量之不同、贤愚之有别，甚至与自己交情的差异，而致身死名损。这活生生、血淋淋的史实，前半部分和自己与昭王、惠王父子的关系何其相似！现在是不想彼此有类似下半部的结局！

乐毅说得很清楚：自己去燕投赵，是保存生命、功业，以明先王知人善任的美德。如果明知面临不可测的毁弃罪名，仍然企图侥幸，结果累人累己，那就既不智，又不义了。

信的结尾，乐毅以“古之君子，交绝不出恶声；忠臣去国，不洁其名”，表示由于自己所受的古典教养，即使交情断了，也不会辱骂对方；更不会为了自己的清白名誉而丑化故国与故主。至于谁是谁非，孰智孰愚，天下自有公论；燕惠王自己的倒行逆施，已经受到了报应。这些，乐毅一句也没有说；了解事实的读者，也都心知肚明。乐毅最后希望的，只是惠王不要再误信左右之言，不明白这位被他疏远的人的心迹。至于宾主关系，早就由惠王自己结束，不必再多言责备，这点也是不言而喻的。

全信行文委婉而恳挚，表露心迹，透彻爽快而悲痛苍凉，是文学史上极有名的杰作。

愧悔的燕王，又以乐毅的儿子乐闲为昌国君。乐毅也就往来两国之间，做做燕的客卿，后来就在赵终老了。

原文出处

昌国君乐毅为燕昭王合五国之兵而攻齐，下七十余城，尽郡县之以属燕。三城未下而燕昭王死。惠王即位，用齐人反间，疑乐毅而使骑劫代之将。乐毅奔赵，赵封以为望诸君。齐田单欺诈骑劫，卒败燕军，复收七十城以复齐。燕王悔，惧赵用乐毅承燕之弊以伐燕。

燕王乃使人让乐毅，且谢之曰："先王举国而委将军，将军为燕破齐，报先王之雠，天下莫不振动，寡人岂敢一日而忘将军之功哉？会先王弃群臣，寡人新即位，左右误寡人，寡人之使骑劫代将军者，为将军久暴露于外，故召将军且休计事。将军过听，以与寡人有隙，遂捐燕而归赵。将军自为计则可矣，而亦何以报先王之所以遇将军之意乎？"

望诸君乃使人献书报燕王曰："臣不佞，不能奉承先王之教以顺左右之心，恐抵斧质之罪以伤先王之明，而又害于足下之义，故遁逃奔赵。自负以不肖之罪，故不敢为辞说。今王使使者数之罪，臣恐侍御者之不察先王之所以畜幸臣之理，而又不白于臣之所以事先王之心，故敢以书对。

“臣闻贤圣之君，不以禄私其亲，功多者授之；不以官随其爱，能当之者处之。故察能而授官者，成功之君也；论行而结交者，立名之士也。臣以所学者观之，先王之举错，有高世之心，故假节于魏王，而以身得察于燕。先王过举，擢之乎宾客之中，而立之乎群臣之上，不谋于父兄，而使臣为亚卿。臣自以为奉令承教，可以幸无罪矣，故受命而不辞。

“先王命之曰：‘我有积怨深怒于齐，不量轻弱，而欲以齐为事。’臣对曰：‘夫齐，霸国之余教也，而骤胜之遗事也，闲于兵甲，习于战攻。王若欲攻之，则必举天下而图之。举天下而图之，莫径于结赵矣。且又淮北、宋地，楚、魏之所同愿也。赵若许，约楚、魏，宋尽力，四国攻之，齐可大破也。’先王曰：‘善。’臣乃口受令，具符节，南使臣于赵。顾反命，起兵随而攻齐。以天之道，先王之灵，河北之地，随先王举而有之于济上。济上之军，奉令击齐，大胜之。轻卒锐兵，长驱至国。齐王逃遁走莒，仅以身免。珠玉财宝，车甲珍器，尽收入燕。大吕陈于元英，故鼎反于历室，齐器设于宁台。蓟丘之植，植于汶皇。自五伯以来，功未有及先王者也。

先王以为惬其志，以臣为不顿命，故裂地而封之，使之得比乎小国诸侯。臣不佞，自以为奉令承教，可以幸无罪矣，故受命而弗辞。

“臣闻贤明之君，功立而不废，故着于春秋；蚤知之士，名成而不毁，故称于后世。若先王之报怨雪耻，夷万乘之强国，收八百岁之蓄积，及至弃群臣之日，余令诏后嗣之遗义，执政任事之臣，所以能循法令顺庶孽者，施及萌隶，皆可以教于后世。

“臣闻善作者不必善成；善始者不必善终。昔者，伍子胥说听乎阖闾，故吴王远迹至于郢。夫差弗是也，赐之鸱夷而浮之江。故吴王夫差不悟先论之可以立功，故沉子胥而不悔。子胥不蚤见主之不同量，故入江而不改。夫免身全功，以明先王之迹者，臣之上计也；离毁辱之非，堕先王之名者，臣之所大恐也；临不测之罪，以幸为利者，义之所不敢出也。

“臣闻古之君子，交绝不出恶声；忠臣之去也，不洁其名。臣虽不佞，数奉教于君子矣。恐侍御者之亲左右之说，而不察疏远之行也。故敢以书报，唯君之留意焉。”

（《战国策·燕二》，1612 页）

25

魏范雎　攻坚解困得秦相

自己的出身，在别人眼中算是卑贱；又处身外国，面对的是这个国家，天下最强盛的虎狼之国最高权力的拥有者。初次见面，谈的便是人家骨肉之间的事和权力斗争，试问如何开口？

最好是不开口。

但，又怎能不开口呢？对方纡尊降贵，满怀诚意，一再恭敬地询问，不回答，是极不合礼；而且，自己历尽艰辛，千里迢迢而来，为的也是在人君面前施展口才，表现学识，以博取富贵权位，不开口，岂不是功亏一篑？

对了，多年来，范雎含辛茹苦，受尽折磨，为的就是要做帝王之师。他从小就以学识高、口才好出名，只是家境极差。在未有王侯赏识之前，他没有经济能力做稍具规模的社会活动，于是便投靠了魏国中大夫须贾。

当年燕国乐毅率领五国联军攻齐，魏也在其中。后来乐毅罢帅，齐国田单以火牛攻燕，恢复国土，齐国声威重振；魏国怕齐复仇，就派须贾去聘问，范雎也随从出使。在酬应过程中，齐王极欣赏范雎的学识口才，就私下重赏他黄金十斤和牛肉美酒。范雎退回了黄金，但须贾还是怀疑他出卖了某些国家机密。

回国后，须贾告诉国相魏齐，范睢便受到一顿拷问、毒打，肋骨也断了，牙齿也折了。范睢诈死，被用破草席卷着，丢弃到厕所中。魏齐的宾客喝多了酒，一个个醉醺醺地跑进去，就在那卷着破席的“罪犯”身上便溺。后来守厕的人接受了范睢的央求贿赂，趁魏齐大醉，请准把这臭气熏天的“死人”连同破席抛弃。范睢因此趁机逃脱，躲过了魏齐醒后的追查，并得朋友郑安平的帮助逃走，改名张禄，又得到秦国驻魏外交官王稽的赏识，带他返回了咸阳。

那时秦昭王在位已经三十六年，实际上的当权者穰侯雄才大略，南破楚，东破齐，把近邻的三晋韩、赵、魏打得衰败不堪。他是太后同母异父的弟弟，极憎厌各国移民分子，而太后的同父弟华阳君、昭王自己的同母弟泾阳君、高陵君等一班人，都掌握军、政、经济大权，势力、财富直逼中央，昭王深感威胁。这时王稽向他介绍“张禄”，说此人有安君保国之道，请求当面陈述。秦王起初没有什么反应，范睢（就是所谓的张禄）就上书，强调明主要有功必赏、有能即用，如果秦王认为自己有用，就请给以机会，否则就请遣走。他又举楚国的和氏璧为例，说明人们常常有宝贝在身边而不知，看走了眼。总之，希望秦王给他一个面谈的机会，如果不中听，浪费了秦王的时间，甘愿受死刑。昭王于是召见他于离宫。

见面前一刻，范睢诈作不认得路，糊糊涂涂、鲁鲁莽莽地直闯通往内宫的长巷，于是和宦官发生了争执——

“你不要进去！你不能进去！主上要出来了！”

“主上？这里哪有主上？我们只知道秦国有太后，有穰侯，哪听过有主上！”

扰攘呼喝之间，昭王刚好来了，听到了一切，心事就大大触动，于是对范雎加倍礼敬；态度之认真、场面之隆重，令所有人都严肃起来。宴饮过后，昭王屏退左右，请教这位“张禄”先生：怎样安身？怎样治国？范雎再三支吾不开口，直等到昭王再三激切询问，差不多要变脸了，才极为诚恳地回答：

“下臣不是故意这样拖延推搪，是不得已啊！当初吕尚只是一个老渔夫，就在这咸阳附近的渭水垂钓。周文王一遇到他，谈得十分投契，十分深入，便邀请他坐了自己的车回去，请他做了太师——最高领袖的首席顾问老师，结果开创了王朝，平定了天下。如果不是周文王有眼光，有胸襟，后来的一切丰功伟业，都无从谈起。现在我只是客处他乡的一个臣子，与大王关系疏远，要谈的又是骨肉亲情之间和政权核心的问题。大王想想，下臣是怎样难于开口呢！

“当然，下臣极愿意贡献一片愚忠，只是未知大王的心意怎样，所以大王再三询问，下臣都不敢应对。下臣并非自己畏惧什么，即使明知今天讲了话在前，明天便会受死在后，下臣也并不担心。如果大王信从下臣的愚见，并且加以实行，死亡、流放都不会是下臣的忧虑，甚至全身涂漆、生满癞疮；或者披头散发，变成狂人，于是形貌全非，以躲避人家耳目，也都不是下臣的羞耻。其实，讲到死，五帝三王那般神圣、仁德，要死；五霸那般超卓强盛，要死；乌获、孟贲那般勇猛有力，也要死，死是人所不免，势所必然的。如果我的一死，对秦有真正的帮助，即使是微小的帮助，那也正是下臣一向的愿望。死，有什么可怕呢？”

说的越说越激动，听的也越听越入迷了。范雎又用时人熟知的伍子胥事迹说：

“伍子胥匿在皮囊里，夜出昭关，白天隐伏，黑夜赶路，东西吃光了，就在吴国街市，爬着乞食，最后辅佐吴王阖闾成就霸业。如果下臣能像他一样，贡献计谋，得到采用，即使从此囚禁，见不到大王，也没有忧虑了。反过来说，殷末的箕子因为侄儿纣王不听劝谏，诈疯为奴，楚国隐士接舆因为昭王无道，也佯狂不仕，结果对殷朝、对楚国都没有好处。如果下臣有与他们相同的报国之心，而计策又能得到信用，从而能对自己信任、尊敬的君主有所裨益，那就是最大的光荣了，还有什么羞耻呢！最怕的是身死之后，天下见到下臣尽忠而不免身死，因此就害怕起来，闭口不讲真话，停步不来秦国了。

“大王现在对上畏惧太后的积威，对下迷惑于奸臣的虚伪姿态，生活圈子困在深宫之中，离不开近臣的控制，终身受到蒙蔽，没有办法洞悉奸情，这样下去，大则王朝倾覆、宗庙灭亡，小则人君孤立、身处险境，这是下臣最不想见到的。至于个人的穷困、受辱，甚至死亡，下臣是不敢畏惧的。总之，如果下臣死而秦国政治大有改善，那就比活着更有意思了！”

范雎真厉害！秦昭王久受母后、母舅、弟弟等人联手构成的压力网所困逼，孤危的恐惧与挣扎的欲望交织相伴而与日俱增，这一点范雎看得十分清楚，于是就把最适当的话，准确地放进昭王隐密的心坎深处。开始的故意迟疑，表现了交浅不敢言深，而良臣遇到明君又不能不推心置腹的苦衷；跟着表明：自己不是怕死而不敢尽忠，是恐怕死了而令天下钳口裹足，陷秦国与秦王于无言可听、无人可信、无忠可用的境地，反之，如果自己的意见对方能听能行，那就死而无憾了。一番话，听得昭王又感动，又激动，就要拜范雎为师。《古文观止》编者吴楚材说得好：“必欲吾之说千稳万稳，秦王之心千肯万肯，然后一锲便入——吾畏其人！”

当时畏服范雎的当然也大有人在。一番话之后，昭王心悦诚服，彻底信任，毅然废太后，逐穰侯等，大权独揽，而封范雎（张禄）为应侯，做秦的丞相，总理政务，秦的强盛又更进了一步。

原文出处

于是范雎乃得见于离宫，详为不知永巷而入其中。王来而宦者怒，逐之，曰："王至！"范雎缪为曰："秦安得王？秦独有太后、穰侯耳。"欲以感怒昭王。昭王至，闻其与宦者争言，遂延迎，谢曰："寡人宜以身受命久矣，会义渠之事急，寡人旦暮自请太后；今义渠之事已，寡人乃得受命。窃闵然不敏，敬执宾主之礼。"范雎辞让。是日观范雎之见者，群臣莫不洒然变色易容者。

秦王屏左右，宫中虚无人。秦王跽而请曰："先生何以幸教寡人？"范雎曰："唯唯。"有间，秦王复跽而请曰："先生何以幸教寡人？"范雎曰："唯唯。"若是者三。秦王跽曰："先生卒不幸教寡人邪？"范雎曰："非敢然也。臣闻昔者吕尚之遇文王也，身为渔父而钓于渭滨耳。若是者，交疏也。已说而立为太师，载与俱归者，其言深也。故文王遂收功于吕尚而卒王天下。乡使文王疏吕尚而不与深言，是周无天子之德，而文武无与成其王业也。今臣羁旅之臣也，交疏于王，而所愿陈者皆匡君之事，处人骨肉之间，愿效愚忠而未知王之心也。此所以王三问而不敢对者也。臣非有畏而不敢言也。臣知今日言之于前而明日伏诛于后，然臣不敢避也。大王信行臣之言，死不足以为臣患，亡不足以为臣忧，漆身为厉被发为狂不足以为臣耻。且以五帝之圣焉而死，三王之仁焉而死，五伯之贤焉而死，乌获、任鄙之力焉而死，成荆、孟贲、王庆忌、夏育之勇焉而死。死者，人之所必不免也。处必然之势，可以少有补于秦，此臣之所大愿也，臣又何患哉！伍子胥橐载而出昭关，夜行昼伏，至于陵水，无以糊其口，膝行蒲伏，稽首肉袒，鼓腹吹篪，乞食于吴市，卒兴吴国，阖闾为伯。使臣得尽谋如伍子胥，加之以幽囚，终身不复见，是臣之说行也，臣又何忧？箕子、接舆漆身为厉，被发为狂，无益于主。假使臣得同行于箕子，可以有补于所贤之主，是臣之大荣也，臣有何耻？臣之所恐者，独恐臣死之后，天下见臣之尽忠而身死，因以是杜口裹足，莫肯向秦耳。足下上畏太后之严，下惑于奸臣之态，居深宫之中，不离阿保之手，终身迷惑，无与昭奸。大者宗庙灭覆，小者身以孤危，此臣之所恐耳。若夫穷辱之事，死亡之患，臣不敢畏也。臣死而秦治，是臣死贤于生。”秦王跽曰："先生是何言也！夫秦国辟远，寡人愚不肖，先生乃幸辱至于此，是天以寡人慁先生而存先王之宗庙也。寡人得受命于先生，是天所以幸先王，而不弃其孤也。先生奈何而言若是！事无小大，上及太后，下至大臣，愿先生悉以教寡人，无疑寡人也。"范雎拜，秦王亦拜。

（见《史记·范雎蔡泽列传》，司马迁撰：《史记》，2406页，北京：中华书局，1959年。后《史记》引文皆用此版本。）

26

智蔡泽　巧劝应侯让宰相

话说化名“张禄”的范雎，得到秦昭王全心的尊敬与信任，被拜为“应侯”。国际上都知道最强盛的秦国有位当权的“张丞相”，而几乎没有人知道世上还有个“范雎”。

范雎昔日的上司——那个误会他、累他被魏齐毒打得几乎死去，又弃他在厕中任人便溺的须贾，这时又被派往秦国，希望找些门路，缓和一下秦兵又要攻魏的局势。范雎知道他来了，就改穿了破旧的衣裳，散步到他的旅馆。须贾大为惊讶，说：“范叔你无恙吧？”“谢谢。还可以，还可以。”“又来秦国施展口才了？”“唉，怎敢，怎敢，几乎被魏齐打死，侥幸逃到这里罢了。”“现在干些什么？”“替人打些散工，干些杂活而已。”“唉——”须贾心里有点儿哀怜之意，诚恳地留他吃饭。“范叔你啊，想不到竟然贫寒到这个地步！”他就拿了自己一袭粗厚的绵袍（绨袍），送给范雎。两人又拉拉杂杂地谈了一会儿。须贾觉得范雎虽然潦倒，对社会环境却似乎相当熟悉，就不大经意地说：

“我有些事情，想拜见你们张禄丞相，和他谈谈，你是不是有什么跟他熟悉的人物，可以引见我一下？”

“哦——”范雎嘴角稍一牵动，立即又恢复平静的表情，慢慢地说：

“真巧，我的主人跟丞相很熟，我跟着主人，有时也远远见到。这样吧，我替大夫想想办法。”

“还有个小问题，我现在马匹不好，车子又断了轴。你也知道，没有体面一点的高车大马，我是不出门的，在公在私都不方便嘛。”

“好，我也替你问问主人吧。”

范雎转眼就弄来整套极体面的驷马大轺车，还亲自当车夫。须贾见一路上人们都议论纷纷，心里不禁有些奇怪。到了相府，范雎说：

“麻烦大夫在这里等等，我去通报一下。”

等了好一会儿，还不见范雎出来，须贾就忍不住去问门房。

“这里没有什么范雎。”

“就是刚才那个和我一同来的人啊。”

“什么范雎？他就是我们的张丞相嘛！”

这一惊，非同小可！须贾连忙袒开衣裳，用膝头跪着，如准备受鞭打的犯人一般，请门房领他进去谢罪。

范雎（张丞相）摆起很大的排场，正式接见他。

“我做梦也想不到阁下能够靠自己升到这样高的位置。从今以后，我不敢再读天下的书，不敢再过问天下的事了！

“我知道自己有莫大的罪过，只希望能够从轻发落，把我赶到野蛮人的地方吧。是死是活，任凭阁下处置好了。”

“你的罪有几条？”

“数不清的一大串，就是拔掉我所有的头发，数起来也比不上我的罪多。”

“我告诉你吧，你有三条大罪：

“首先，你冤枉我。我的祖坟在魏国，我根本没有打算到齐国做事，更不会出卖魏国。齐王厚待我，只是礼貌和好意，你竟一口咬定我不忠，还在魏齐面前说我坏话，这是第一条。

“其次，你见死不救。魏齐几乎把我打死，又把我丢进厕所，你没有说半句话劝止。这是第二条。

“最后，你雪上加霜。喝醉了酒，在我身上撒尿的，你也有份。这是第三条。

“你有这三条大罪，任何一条，我都可以要你死；但是，你今天可以不死。你见到我寒酸成那个样子，就送我厚绵袍，也算你尚有人心，还算是念旧，就饶了你吧。”

到须贾辞行的时候，范雎在大堂上宴请诸侯使节，偏偏把须贾安置在堂下，命两个黥了面的罪犯左右挟着他，以喂马的器具强喂他吃干草拌豆的饲料。范雎又告诉他说：

“回去告诉魏王：赶快把魏齐的头拿来，否则，我就要血洗大梁！”

魏齐躲到赵国的平原君那里，秦昭王函邀平原君到秦，然后要挟他：想返回赵国，就要交出魏齐。平原君说不能出卖朋友，而且魏齐也不在自己的家。昭王就写信给赵王。魏齐唯有乘夜逃亡，连赵相也陪他出走，回到魏国京城大梁，想靠信陵君的力量跑到楚国。信陵君起初犹豫，恐怕被牵累，后来听了劝告，就出郊迎接。魏齐知道人家款待他原来是出于勉强，在愤悔、羞怒、恐惧交袭之下，就自杀死了。赵王就拿了他的首级，赎回了平原君。

又过了几年，秦昭王用范雎的反间计，使赵王误信奸佞，又因为廉颇吃了败仗，坚守不出战，就废弃他不用，反而拜那个轻浮骄躁、纸上谈兵、夸夸其谈的青年人赵括为帅。赵括是名将赵奢的儿子，理论说得头头是道，不过他父亲知道他是个假大空，遗嘱吩咐他千万别实际玩火。他母亲也哭诉禀告了好几回，请赵王不要任命他。只是赵王执意不听，结果碰上著名的秦将——杀人王武安君白起，大败于长平，被俘的赵军四十五万人，一夜之间，全被坑杀！这是发生在公元前 260 年的中国历史上的一大惨剧！

当时天下震动，魏、韩等国尤其恐慌。白起还派人回秦请求增兵增饷，准备乘胜灭赵。纵横家苏秦的弟弟苏代就游说范雎放过赵国。白起军功太大了，一定会影响到秦国的权力均衡，威胁到范雎的地位；而且，赵国一亡，土地、人民都被北邻的燕和东邻的齐分割了，南方的韩、赵也少不了会吞并一部分，结果归秦所有的就很少，不如暂许他们割地求和。范雎被打动了，就向言听计从的秦王进言。失意的白起此后就常常大发牢骚，甚至拒绝秦王派遣，最后一次，秦王听了应侯范雎和其他大臣的话，就赐白起自尽了。

这个时候，范雎的权势真是如日中天。谁知两年之间，他所保荐的两个朋友偏偏都出了乱子。郑安平攻赵失败，被围投降。王稽又与诸侯私通而犯法被诛。依照秦国法律，保荐人也有连坐之罪，不过秦王优待范雎，不许人提起。秦王又不时表示忧虑楚国的强大，因而怀念战无不胜的白起。这种种迹象，在思想、感觉极敏锐的范雎心里自然已经敲响了警钟——而有人就真的在这个时候，敲响了警钟。

挑战者是在《史记》里与范雎同传的蔡泽。

蔡泽是燕国人，多年来努力游说诸侯以博取富贵，都未有所遇，这时便公开宣言：

“只要蔡泽一见到秦王，就必定会夺得丞相的宝座！”

范雎听说后一笑：

“笑话！五帝三王的历史，诸子百家的学说，谁人比我更熟？这些年来，谁人能够在辩论上胜于我？他要抢我的位子？哼！凭什么？”

好奇心，加上好胜心，盛气凌人的既得利益者，终于还是会见了大言不惭的挑战者。

“你要坐我的位置，是吗？”

“对。”

“让我听听你的高见。”

“唉，聪明的相公，为什么这次这么迟钝？四季更替按次序，功成的就要离去。我请问丞相：四肢五官健康灵活，心思敏巧，这是不是每个人的愿望？”

“唔。”

“品性好，道德高，事事顺遂，人人拥戴，这不是每个聪明人的愿望吗？”

“这个当然。”

“大富大贵，一切都安排得好好的，自己又长命，又健康，天下都以他的标准为依归，名声响亮，传得远远的，这不是顶尖人物的最高境界吗？”

“哦，是的，是的。”

“照这样说，秦的商君，楚的吴起，越的文种，他们那样的结局，相公以为值得希冀吗？”

聪明绝顶的范雎，知道蔡泽要引自己入圈套了。他微微一笑，讲了一些连自己也不一定相信的门面话：

“他们的结局有什么不好？商君公孙鞅，全心全意服事秦孝公，有功必赏，有罪必罚，自己承受了群众的怨恨，而国家得到了最大的好处。吴起帮助楚悼王，公私分明，忠奸判别，嘴甜肚空的人没法立足。大夫文种在国破君辱的时候，仍然效忠领袖，最后生聚教训，复兴越国，他也不自满、不炫耀。总之，这三位伟人，可说是忠义的榜样啊！君子视死如归；有了光荣的名誉，死，又有什么遗憾呢？”

蔡泽笑一笑，说：

“是的。忠孝而有才干的臣子，遇到圣明而慈爱的君父，贞节的妻子，遇到诚信的丈夫，这当然是国与家的好福气。不过，可惜现实往往并不如此。譬如说：比干忠心吧？保存不了殷商；伍员有智谋吧？保存不了吴国；申生孝顺吧？结果晋国大乱。这就是因为只有忠臣孝子而没有明君圣父，结果就会以悲剧收场，只赢得天下一片同情的声音。以这样的君父为可耻，以这样的臣子为可怜，但这对事情有什么实际的帮助呢？如果一定要像这三位历史名人这般，冤枉死了，然后可以树为榜样、成就美名，那隐居不仕的微子就不能被称为仁人，教学终身的孔子就不能被称为圣哲，功成而善终的管仲就不能被称为伟大。老实说，谁不想建功立业、善始善终呢？名誉和生命都完整，这是最好不过的；其次，是不得终其天年，而名誉良好；最低下的一等，是苟全性命而名誉污损的。”

“对，你说的，也对。”

对方无法否认，甚至认同自己了。有了这个机会，蔡泽就继续打动范雎：

“当然，商君、吴起、文种这几位，又尽忠，又有功业，这是不错的，不过，闳夭事奉文王，周公辅助武王，岂不也是既忠心又圣明吗？以君臣关系来说，这两批人，哪批比较好呢？”

“当然是后者。”

“那么请问：依你看来，当今主上，在仁慈念旧、知人善任、亲近有德、不弃功臣等方面，比起秦孝公、楚悼王、越王勾践，怎么样？”

范雎谨慎地回答：

“也不容易确切比较吧。”

蔡泽趁势进逼：

“坦白说，当今主上亲近忠臣，未必超过上述三位人君；而论及替国君办好政事、解除危难、富国强兵、扬威于万里之外，千载之后，相公和商君、吴起、文种三位比较，又怎样呢？”

“当然不能够相比。”

范雎仍然谨慎地回答。

“那么好了：相公的主上，在亲信老臣、不忘故旧方面，不及那三位国君，相公自己的功绩、亲信，又还未超过那三位大臣，但是，官位的显赫、财富的丰厚，又超过他们，在这个时候，还不退隐，恐那危机就比他们三位更甚了！我真替你担心呢！常言道：太阳过了正午，就往下转移；月亮圆满之后，就会亏缺：万物达到极盛，就会衰退。这是天地的常规啊！顺着时机的变化而进退，就是圣人所把握的常规。这个道理和古圣先贤说过的话，相公比我更清楚，我也不敢饶舌多讲。现在相公的仇也报了，恩也报了，要得到的都已经得到，这个时候还不好好打算，恕我大胆地说，不是办法啊！

“相公你看，飞禽走兽，往往为了贪吃最后那一口，而被人捕杀。苏秦、智伯，一世聪明，就为了再多赚一点而惨淡收场。所以，自古圣人都讲节制，不满溢、不骄矜，才可以长久。这个道理，相公早已通透明白。昔日齐桓公纠合诸侯，首倡霸业，葵丘之会骄傲了，马上有许多国家背叛他；吴王夫差，一度非常强盛，连齐晋这样的大国他也看不起，结果转眼间就杀身亡国；古代的大力士如夏育等人，一生叱咤风云，最后都死于常人之手：这都是因为他们知进不知退，贪胜不知输啊！”

范雎越听越入神，早已放弃辩驳。蔡泽于是给出最后的重击——以一开始所提到的三大功臣以及范雎自己参与对付的白起为例，说明功成不退的可怕后果：

“商君替秦孝公修明法律，劝导对内努力农耕，对外奋勇作战，于是秦国强盛，天下无敌，而自己却落得车裂惨死！楚国地方数千里，精兵百万，却被秦将白起一举攻破都城，再战割去西部巴蜀、汉中的大片土地。白起又进攻强大的赵，长平一役，坑杀四十五万赵军；又包围邯郸，几乎灭赵。赵与楚都是天下强国，秦的仇敌，从此都慑服在秦国之下；可是，一生攻下七十多座城池的白起自己，最后却遭赐剑自尽。吴起替楚悼王修明法治，强化中央的威信，裁减无用的冗员，使得兵强国富，吞灭了陈、蔡、杨越，最后自己却被肢解而死（按：其实是被楚国宗室大臣作乱射死）。文种帮越王勾践生聚教训，败吴国，杀夫差，自己最后却被忘恩的勾践杀了！

“相公你看，这四位大人物都是功成而不去，结果祸及于身，这就是所谓能伸而不能屈、知进而不知退！只有范蠡（也是姓范的）最聪明：越一灭了吴，他就飘然避世，转行做了一个成功的商家——陶朱公。

“相公你看看那些赌徒吧：有些喜欢下重注，就是所谓‘大投’，赢得大，输得也惨；有些宁愿积小胜为大胜，就是所谓‘分功’，败了，也不致输得太惨。相公您高居秦国的相位，不离开坐席，一个计策，一个号令，就足以影响天下，威震六国。秦的霸业宏图差不多达到了，相公的功勋，也崇隆极了，这不是‘分功’的时刻吗？在这个时候还不退隐，那下场就是商君、白起、吴起、文种之类了！

“我听说，‘用水来照，看到面貌；用人来照，知道吉凶’；《尚书》上说：‘成功之下，不可久处。’相公何必要重复商君他们的历史教训呢！何不这时辞职隐居，优游岁月，又保持美好的名誉，又享受清福，寿命也更长呢！

“《易经》说得好：‘亢龙有悔。’变化神奇的龙，升得太高，也会发生后悔莫及的事呢！相公好好考虑一下吧。”

——是的。四个下场悲惨的大功臣，两个都在秦国。在翻脸不认人之前，越王勾践对大臣们何尝不诚恳礼待？否则文种怎会连范蠡劝他急流勇退的话也不听？即使一向信任自己的君王不是忘恩负义的勾践，谁知他不会在自己之前驾崩？自己位高权重，结怨必多，暗中妒恨自己的更不知有多少。楚悼王一死，吴起就被仇家群起射杀。吴起还能够伏在悼王的遗体上，让杀自己的人误射王尸而族灭，自己可能连他那样死后也能复仇的机会都没有！这个姓蔡的，话实在讲得合情合理，更真正讲进了自己心里！

范雎正因为学问好、历史熟、世情洞达，所以更没法不同意蔡泽的分析和提议。几天之后，他就向秦昭王介绍蔡泽，看他们谈得投契，就跟着称病辞职，推荐蔡泽为继任人，自己真的退隐林泉去了。

蔡泽的丞相瘾只过了几个月，就有人说他坏话。他就赶快辞职，改做一些闲散的官，平平安安过去了。

原文出处

范雎既相秦，秦号曰张禄，而魏不知，以为范雎已死久矣。魏闻秦且东伐韩、魏，魏使须贾于秦。范雎闻之，为微行，敝衣闲步之邸，见须贾。须贾见之而惊曰："范叔固无恙乎！"范雎曰："然。"须贾笑曰："范叔有说于秦邪？"曰："不也。雎前日得过于魏相，故亡逃至此，安敢说乎！"须贾曰："今叔何事？"范雎曰："臣为人庸赁。"须贾意哀之，留与坐饮食，曰："范叔一寒如此哉！"乃取其一绨袍以赐之。须贾因问曰："秦相张君，公知之乎？吾闻幸于王，天下之事皆决于相君。今吾事之去留在张君。孺子岂有客习于相君者哉？”范雎曰：“主人翁习知之。唯雎亦得谒，雎请为见君于张君。”须贾曰：“吾马病，车轴折，非大车驷马，吾固不出。”范雎曰：“愿为君借大车驷马于主人翁。”

范雎归取大车驷马，为须贾御之，入秦相府。府中望见，有识者皆避匿，须贾怪之。至相舍门，谓须贾曰：“待我，我为君先入通于相君。”须贾待门下，持车良久，问门下曰：“范叔不出，何也？”门下曰：“无范叔。”须贾曰：“向者与我载而入者。”门下曰：“乃吾相张君也。”须贾大惊，自知见卖，乃肉袒膝行，因门下人谢罪。于是范雎盛帷帐，侍者甚众，见之。须贾顿首言死罪，曰：“贾不意君能自致于青云之上，贾不敢复读天下之书，不敢复与天下之事。贾有汤镬之罪，请自屏于胡貉之地，唯君死生之！”范雎曰：“汝罪有几？”曰：“擢贾之发以续贾之罪，尚未足。”范雎曰：“汝罪有三耳。昔者楚昭王时而申包胥为楚却吴军，楚王封之以荆五千户，包胥辞不受，为丘墓之寄于荆也。今雎之先人丘墓亦在魏，公前以雎为有外心于齐而恶雎于魏齐，公之罪一也。当魏齐辱我于厕中，公不止，罪二也。更醉而溺我，公其何忍乎？罪三矣。然公之所以得无死者，以绨袍恋恋，有故人之意，故释公。”乃谢罢。入言之昭王，罢归须贾。

须贾辞于范雎，范雎大供具，尽请诸侯使，与坐堂上，食饮甚设。而坐须贾于堂下，置莝豆其前，令两黥徒夹而马食之。数曰："为我告魏王，急持魏齐头来！不然者，我且屠大梁。"须贾归，以告魏齐。魏齐恐，亡走赵，匿平原君所。

（《史记·范雎蔡泽列传》，2413 页）

将见昭王，使人宣言以感怒应侯曰："燕客蔡泽，天下雄俊弘辩智士也。彼一见秦王，秦王必困君而夺君之位。"应侯闻，曰："五帝三代之事，百家之说，吾既知之，众口之辩，吾皆摧之，是恶能困我而夺我位乎？"使人召蔡泽。蔡泽入，则揖应侯。应侯固不快，及见之，又倨，应侯因让之曰："子尝宣言欲代我相秦，宁有之乎？"对曰："然。"应侯曰："请闻其说。"蔡泽曰："吁，君何见之晚也！夫四时之序，成功者去。夫人生百体坚强，手足便利，耳目聪明而心圣智，岂非士之愿与？"应侯曰："然。"蔡泽曰："质仁秉义，行道施德，得志于天下，天下怀乐敬爱而尊慕之，皆愿以为君王，岂不辩智之期与？"应侯曰："然。"蔡泽复曰："富贵显荣，成理万物，使各得其所；性命寿长，终其天年而不夭伤；天下继其统，守其业，传之无穷；名实纯粹，泽流千里，世世称之而无绝，与天地终始：岂道德之符而圣人所谓吉祥善事者与？"应侯曰："然。"

蔡泽曰："若夫秦之商君，楚之吴起，越之大夫种，其卒然亦可愿与？”应侯知蔡泽之欲困己以说，复谬曰：“何为不可？夫公孙鞅之事孝公也，极身无贰虑，尽公而不顾私；设刀锯以禁奸邪，信赏罚以致治；披腹心，示情素，蒙怨咎，欺旧友，夺魏公子卬，安秦社稷，利百姓，卒为秦禽将破敌，攘地千里。吴起之事悼王也，使私不得害公，谗不得蔽忠，言不取苟合，行不取苟容，不为危易行，行义不辟难，然为霸主强国，不辞祸凶。大夫种之事越王也，主虽困辱，悉忠而不解，主虽绝亡，尽能而弗离，成功而弗矜，贵富而不骄怠。若此三子者，固义之至也，忠之节也。是故君子以义死难，视死如归；生而辱不如死而荣。士固有杀身以成名，虽义之所在，虽死无所恨。何为不可哉？”

蔡泽曰：“主圣臣贤，天下之盛福也；君明臣直，国之福也；父慈子孝，夫信妻贞，家之福也。故比干忠而不能存殷，子胥智而不能完吴，申生孝而晋国乱。是皆有忠臣孝子，而国家灭乱者，何也？无明君贤父以听之，故天下以其君父为僇辱而怜其臣子。今商君、吴起、大夫种之为人臣，是也；其君，非也。故世称三子致功而不见德，岂慕不遇世死乎？夫待死而后可以立忠成名，是微子不足仁，孔子不足圣，管仲不足大也。夫人之立功，岂不期于成全邪？身与名俱全者，上也。名可法而身死者，其次也。名在僇辱而身全者，下也。”于是应侯称善。

蔡泽少得间，因曰：“夫商君、吴起、大夫种，其为人臣尽忠致功则可愿矣，闳夭事文王，周公辅成王也，岂不亦忠圣乎？以君臣论之，商君、吴起、大夫种其可愿孰与闳夭、周公哉？”应侯曰：“商君、吴起、大夫种弗若也。”蔡泽曰：“然则君之主慈仁任忠，惇厚旧故，其贤智与有道之士为胶漆，义不倍功臣，孰与秦孝公、楚悼王、越王乎？”应侯曰：“未知何如也。”蔡泽曰：“今主亲忠臣，不过秦孝公、楚悼王、越王，君之设智，能为主安危修政，治乱强兵，批患折难，广地殖谷，富国足家，强主，尊社稷，显宗庙，天下莫敢欺犯其主，主之威盖震海内，功彰万里之外，声名光辉传于千世，君孰与商君、吴起、大夫种？”应侯曰：“不若。”

蔡泽曰：“今主之亲忠臣不忘旧故不若孝公、悼王、句践，而君之功绩爱信亲幸又不若商君、吴起、大夫种，然而君之禄位贵盛，私家之富过于三子，而身不退者，恐患之甚于三子，窃为君危之。语曰‘日中则移，月满则亏’。物盛则衰，天地之常数也。进退盈缩，与时变化，圣人之常道也。故‘国有道则仕，国无道则隐’。圣人曰‘飞龙在天，利见大人’。‘不义而富且贵，于我如浮云’。今君之怨已雠而德已报，意欲至矣，而无变计，窃为君不取也。且夫翠、鹄、犀、象，其处势非不远死也，而所以死者，惑于饵也。苏秦、智伯之智，非不足以辟辱远死也，而所以死者，惑于贪利不止也。是以圣人制礼节欲，取于民有度，使之以时，用之有止，故志不溢，行不骄，常与道俱而不失，故天下承而不绝。昔者齐桓公九合诸侯，一匡天下，至于葵丘之会，有骄矜之志，畔者九国。吴王夫差兵无敌于天下，勇强以轻诸侯，陵齐晋，故遂以杀身亡国。夏育、太史噭叱呼骇三军，然而身死于庸夫。此皆乘至盛而不返道理，不居卑退处俭约之患也。夫商君为秦孝公明法令，禁奸本，尊爵必赏，有罪必罚，平权衡，正度量，调轻重，决裂阡陌，以静生民之业而一其俗，劝民耕农利土，一室无二事，力田蓄积，习战陈之事，是以兵动而地广，兵休而国富，故秦无敌于天下，立威诸侯，成秦国之业。功已成矣，而遂以车裂。楚地方数千里，持戟百万，白起率数万之师以与楚战，一战举鄢郢以烧夷陵，再战南并蜀汉。又越韩、魏而攻强赵，北阬马服，诛屠四十余万之众，尽之于长平之下，流血成川，沸声若雷，遂入围邯郸，使秦有帝业。楚、赵天下之强国而秦之仇敌也，自是之后，楚、赵皆慑伏不敢攻秦者，白起之势也。身所服者七十余城，功已成矣，而遂赐剑死于杜邮。吴起为楚悼王立法，卑减大臣之威重，罢无能，废无用，损不急之官，塞私门之请，一楚国之俗，禁游客之民，精耕战之士，南收杨越，北并陈、蔡，破横散从，使驰说之士无所开其口，禁朋党以励百姓，定楚国之政，兵震天下，威服诸侯。功已成矣，而卒枝解。大夫种为越王深谋远计，免会稽之危，以亡为存，因辱为荣，垦草入邑，辟地殖谷，率四方之士，专上下之力，辅勾践之贤，报夫差之仇，卒擒劲吴，令越成霸。功已彰而信矣，勾践终负而杀之。此四子者，功成不去，祸至于此。此所谓信而不能诎，往而不能返者也。范蠡知之，超然辟世，长为陶朱公。君独不观夫博者乎？或欲大投，或欲分功，此皆君之所明知也。今君相秦，计不下席，谋不出廊庙，坐制诸侯，利施三川，以实宜阳，决羊肠之险，塞太行之道，又斩范、中行之涂，六国不得合从，栈道千里，通于蜀汉，使天下皆畏秦，秦之欲得矣，君之功极矣，此亦秦之分功之时也。如是而不退，则商君、白公、吴起、大夫种是也。吾闻之，'鉴于水者见面之容，鉴于人者知吉与凶'。《书》曰'成功之下，不可久处'。四子之祸，君何居焉？君何不以此时归相印，让贤者而授之，退而岩居川观，必有伯夷之廉，长为应侯。世世称孤，而有许由、延陵季子之让，乔松之寿，孰与以祸终哉？即君何居焉？忍不能自离，疑不能自决，必有四子之祸矣。《易》曰'亢龙有悔'，此言上而不能下，信而不能诎，往而不能自返者也。愿君孰计之！"

应侯曰："善。吾闻'欲而不知足，失其所以欲；有而不知止，失其所以有'。先生幸教，睢敬受命。"于是乃延入坐，为上客。

（《史记·范雎蔡泽列传》，2419 页）

27

秦李斯　书谏雄君止逐客

“穷困，你的名字是悲哀！

卑贱，你的名字是污辱！”

——这两句充满了悲愤、不平，隐现了挣扎和斗志，而又文艺腔十足的话，并非出于十七八世纪某欧洲文豪作品的中译本，而是出自两千多年前的一位极聪明、极奋进，后来成就极大，可惜终局也极悲惨的青年人之口。

这是战国末期，李斯向老师荀子辞行时讲的话。

李斯本是楚国人，少年时做过地方上的一个小职员。他办公室的厕所，多的是老鼠，吃最污秽的东西，还常常被人击杀，被猫犬追噬，实在凄苦。一板之隔的另一窝老鼠，却高高在上：安居在米仓之上，干爽清洁，食粮充足，人爬不到，狗扑不上。少年李斯看了，就大为感慨：

“唉！人，就像老鼠，聪明不聪明，就看怎样选择处境！”

向——上——爬！

李斯从此就下定决心，不怕牺牲，排除万难，去争取更高的位置。

首先要增加自己的力量，那就是学识。他选择了当时最好的老师——国际有名的、辈分和学问都极高的荀子。他和后来的法家大师、韩国的贵族公子、最后被他害死的韩非，同为大儒荀卿最优秀的弟子。

李斯要不顾一切地向上爬。那时的楚王是一块扶不上墙的烂泥，其余各国也都奄奄一息，值得把自己当作资本投下去的只有强盛无比的秦国。秦国像越来越红的太阳，不断地上升——从西方升起。李斯就决定奔向西方，向自己的锦绣前程进发。垂老的老师，对这名英锐的学生当然无可奈何，何况他的意志是如此坚决：

“时机是最重要的。不及时奋斗，错过了时机，就什么都不用提了。”

要摆脱贫穷，要永离卑贱，李斯便奔向秦国，投靠当时最有权势的大臣，秦王嬴政的丞相和“仲父”——吕不韦。因为才能出众（当然加上极工心计），不久便到了秦国权力结构层之巅。

那时秦还未尽灭六国。秦王嬴政以李斯为客卿（客座政务专员、国策顾问、宫廷资政之类）用他的谋略，以财帛和武力作为双管齐下的利器，利诱胁迫各国政要私通秦国；待各国政权撬松得差不多了，就以精兵良将，攻城略地，六国渐渐变成这唯一的凶猛大猫面前的六只病鼠。

当然，六国也不是没有人才，人才也不是都不爱国，只是形势一面倒，他们的才能就更显得不足。譬如有次韩国派来一位水利专家做卧底，也真可怜，并非有什么进攻的阴谋，只是设法使秦国忙于修建引泾入洛的河渠，灌溉农田，而暂时无暇东侵这个紧贴强秦而国力又最小的韩国，并且即使出兵，也会被河渠所阻，不致长驱直入而已。饶是如此，也被秦破获了。秦国的宗室大臣，本来早就眼红由各国而来争饭碗的人，这时就乘机劝秦王说：

“大王，所谓血浓于水嘛。他们本来就对自己的祖国效忠，我们委以重任，让他们知道了国家机密；双重角色，一旦有利益冲突，怎么办？大王啊，我们秦国这样强大，什么人才没有？何必要养这一大班信不过的家伙？干脆把他们赶走吧！”

于是许多许多人包括李斯，都要被驱逐出境。

没有机会当面陈奏。那时君主已经高高在上，尤其在重用法家、强盛无比的秦国。其他任何人，都是那专制君主的婢仆，不配，也不能，在朝上面折廷争。

于是，李斯精心写了一封辞藻华丽而层次清晰、艺术性与逻辑性都极强的、洋洋洒洒的信，也就是著名地收在《史记》

和《昭明文选》中的《谏逐客书》。

信分为四部分：由古证今，以彼例此，正面议论，总结。通篇虚实相应，流畅通达，前两大段尤其铺排展衍，上承荀子的文风，下开汉赋的格局，归纳、演绎、类比，各种逻辑推理交替运用，足以服人且感人，是中国文学史上有名的作品。

开篇两句提起全文：

“微臣听说朝中官吏提议驱逐外来参政人员。个人以为，这是错误的。”

然后是一大段的“由古证今”：

“从前，秦穆公访求贤士，西边从戎人得到由余，东边从宛地得到百里奚，从宋国迎得蹇叔，从晋国请得丕豹与公孙支。这五位本来都不是秦人，穆公用了他们，就并吞了二十个国家，在西戎之中做了霸王。

“秦孝公采用商鞅的法令，移风易俗，人民因此富庶，国家更加强盛，百姓乐于替政府服务，诸侯都亲附、顺服；俘虏了楚、魏的军队，领土扩充了千余里，富强的国力一直影响到现在。

“秦惠王用张仪的计策，攻取了韩国三川之地，西边并吞了巴蜀，北边取得了上郡，南边拿到了汉中，圈割了楚国整个九夷之地，控制了名城鄢、郢，东面占据了成皋要冲。肥沃的土地为秦所有，六国的合纵由此打散，分别向西臣服秦国，功效也是一直影响到现在。

“秦昭王得到范雎，废逐了权臣穰侯、华阳君，加强了权力核心的威力，杜绝了中央以外的利益集团，蚕食诸侯的土地，成就了秦国的帝业。

“以上四位秦国君主，都利用了外来人才的劳绩。由此看来，外来人才并没有对不起秦国；反过来，假使往日四位君主对这些外国人才拒而不纳，疏远外国人才而不加任用，那就会使秦国既没有丰厚的利益，也没有强大的威名。”

第二大段是“以彼例此”。李斯罗列了许许多多秦王身边的珠宝、珍玩、音乐、宝剑、名马——真的是“如数家珍”，并且还有来自各国的美女宫娥妃嫔：这一切好东西都不是秦产。跟着，笔锋一转，又说：如果一定要秦国土生土产，那么上述各类好东西，就不能为秦王所享有了。

李斯用的完全是辞赋作家的笔法，铺张扬厉，但绝不平直、死板，调动起读者高度的兴趣。然后笔势一转：

“现在取人却不是这样。不问好不好，不论对不对，只要不是秦国土生，就要离去，只要是外来人客，就要驱逐。由此看来，贵国所重视的是声色珠宝，所轻视的是人才百姓。这不是统治四海、制伏诸侯的办法啊！”

是的，不能重物轻人，不能不用“外国产品”。由此进入精简明畅的第三大段：

“土地广大，物产才能丰富；疆域辽阔，人民才能众多；武器充足，军士打起仗来就特别勇敢。泰山不排斥任何一撮泥土，所以这样高大；河海不放弃任何一条溪流，所以这样深广；伟大的君主不推辞归附他的众人，所以能够成就他的功业。所以，土地没有方位的差别，人民没有出生地的限制，四季都分别有所贡献，不同的鬼神都分别降福，这就是五帝三王之所以能够天下无敌的原因。现在却要放弃人民，让他们迁移并且充实别的国家，推辞人才，让他们离开并且帮助别的君主，天下有才能的人退缩不再西来秦国，这就是所谓‘借兵器给贼人，送粮食给盗匪’了！”

最后，是一个精简的结语：

“好东西不是秦国出产的，很多；人才不是秦国土生的，很多。现在驱逐外来人才，助益了敌国，减少了自己的人力资源，增强了对方的实力，对内是自我弱化，对外是冤仇不解，想国家没有危险，又怎么行呢？”

秦王看了，立即改变主意，收回了逐客令，继续重用外国人才，也更信任李斯，直到自己死去。

原文出处

李斯者，楚上蔡人也。年少时，为郡小吏，见吏舍厕中鼠食不洁，近人犬，数惊恐之。斯入仓，观仓中鼠，食积粟，居大庑之下，不见人犬之忧。于是李斯乃叹曰：“人之贤不肖譬如鼠矣，在所自处耳！”

乃从荀卿学帝王之术。学已成，度楚王不足事，而六国皆弱，无可为建功者，欲西入秦。辞于荀卿曰：“斯闻得时无怠，今万乘方争时，游者主事。今秦王欲吞天下，称帝而治，此布衣驰骛之时而游说者之秋也。处卑贱之位而计不为者，此禽鹿视肉，人面而能强行者耳。故诟莫大于卑贱，而悲莫甚于穷困。久处卑贱之位，困苦之地，非世而恶利，自托于无为，此非士之情也。故斯将西说秦王矣。”

（《史记·李斯列传》，2539 页）

会韩人郑国来间秦，以作注溉渠，已而觉。秦宗室大臣皆言秦王曰："诸侯人来事秦者，大抵为其主游间于秦耳，请一切逐客。"李斯议亦在逐中。斯乃上书曰：

臣闻吏议逐客，窃以为过矣。昔缪公求士，西取由余于戎，东得百里奚于宛，迎蹇叔于宋，来丕豹、公孙支于晋。此五子者，不产于秦，而缪公用之，并国二十，遂霸西戎。孝公用商鞅之法，移风易俗，民以殷盛，国以富强，百姓乐用，诸侯亲服，获楚、魏之师，举地千里，至今治强。惠王用张仪之计，拔三川之地，西并巴、蜀，北收上郡，南取汉中，包九夷，制鄢、郢，东据成皋之险，割膏腴之壤，遂散六国之从，使之西面事秦，功施到今。昭王得范雎，废穰侯，逐华阳，强公室，杜私门，蚕食诸侯，使秦成帝业。此四君者，皆以客之功。由此观之，客何负于秦哉！向使四君却客而不内，疏士而不用，是使国无富利之实而秦无强大之名也。

今陛下致昆山之玉，有随、和之宝，垂明月之珠，服太阿之剑，乘纤离之马，建翠凤之旗，树灵鼍之鼓。此数宝者，秦不生一焉，而陛下说之，何也？必秦国之所生然后可，则是夜光之璧不饰朝廷，犀象之器不为玩好，郑、卫之女不充后宫，而骏良駃騠不实外厩，江南金锡不为用，西蜀丹青不为采。所以饰后宫、充下陈、娱心意、说耳目者，必出于秦然后可，则是宛珠之簪，傅玑之珥，阿缟之衣，锦绣之饰不进于前，而随俗雅化佳冶窈窕赵女不立于侧也。夫击瓮叩缶弹筝搏髀，而歌呼呜呜快耳者，真秦之声也；《郑》《卫》《桑闲》《昭》《虞》《武》《象》者，异国之乐也。今弃击瓮叩缶而就《郑》《卫》，退弹筝而取《昭》《虞》，若是者何也？快意当前，适观而已矣。今取人则不然。不问可否，不论曲直，非秦者去，为客者逐。然则是所重者在乎色乐珠玉，而所轻者在乎人民也。此非所以跨海内制诸侯之术也。

臣闻地广者粟多，国大者人众，兵强则士勇。是以太山不让土壤，故能成其大；河海不择细流，故能就其深；王者不却众庶，故能明其德。是以地无四方，民无异国，四时充美，鬼神降福，此五帝、三王之所以无敌也。今乃弃黔首以资敌国，却宾客以业诸侯，使天下之士退而不敢西向，裹足不入秦，此所谓“藉寇兵而赍盗粮”者也。

夫物不产于秦，可宝者多；士不产于秦，而愿忠者众。今逐客以资敌国，损民以益仇，内自虚而外树怨于诸侯，求国无危，不可得也。

（《史记·李斯列传》，2541 页）

28

汉陆贾　智安南越救苍生

许多广东人可能都要感谢一位陆先生：由于他的努力，才使他们的千万祖先，免于在兵燹中枉死。

许多中国人可能要对古代的这位陆先生表示愧悔：他们的许多灾难、许多错误，正是由于忘记、疏忽了他的一句话：

“居马上得之，宁可以马上治之乎？”

这句犹如暮鼓晨钟、对所有统治者都极具警醒作用的话，当初是对汉高祖说的。以刀兵获得政权的开国之君，在成功之后最容易自我膨胀，最容易忘记什么是“逆取顺守”。刘邦一个布衣无赖，竟然做了“汉高祖”，难怪古人相信他是天命所归。他自己可能更相信是天命所归，于是踌躇满志，放任了本来就极浓重的市井气与流氓气。他读书极少，所以面对读书人也就自卑而又自大；既登大宝，更加觉得读书没有什么用处。那些儒生谦谦谨谨、迂迂腐腐、惶惶恐恐的，刘邦一看就有气。好几次甚至喝令他们过来，除下帽子，让他们撒尿在里面。偏偏他比较尊重的陆贾，讲话也常是引经据典，有一次，刘邦又不耐烦了，就骂道：

“你老子的天下是在马上打回来的，读什么破书！”

陆贾不慌不忙、平心静气地反问：

“不错，天下是在马上打回来的，但是，天下可以在马上治理吗？”

好个刘邦！不愧是开国之君。他是市井气质，他是赌徒性格，不过，顶撞得恰到好处，他还是可以在紧要关头醒悟过来。来一个急刹车，一个急转弯。此刻，他就黑着脸，让陆贾“教训”下去：

“从前商汤、周武王也是逆着君臣之序，用军事斗争，得到了天下。不过，他们成功之后，却不再搞斗争，而是搞建设，顺着民心民情，大搞建设。武功以取天下，文治以安天下，要长治久安，不搞建设，行吗？”

刘邦不自觉地点了好几次头，耐心地听下去。

“从前吴王夫差、晋国最有势力的贵族首领智伯，何尝不是似天下无敌？结果都灭亡了。秦并吞六国，以刑法之威震慑天下，结果给赵高一搞，就自己垮掉了。陛下想想：如果当初嬴秦统一之后，就施行仁义，肯学学古圣先王，陛下还能够取得这个天下吗？”

问得好，问得有道理。

“好吧。就麻烦你多讲一点儿道理。陆先生，请你写点东西，关于秦朝为什么灭亡，我为什么得天下，以至古今国家成败的关键所在给我看看。”

陆贾就写了十二篇有关这个问题的论述。每呈上一篇，刘邦都叫好，左右的人当然也跟着大声叫好，有人甚至忘形地高呼万岁，以歌颂皇帝的风度、智慧。于是集合成书，称为《新语》。

* * *

汉高祖十一年，天下大定，中国人实在太劳苦了，聪明的刘邦也知道不能再用兵。那时僻远的南海、桂林、象郡等地方（就是现在两广以至越北一带）都被原本是赵地真定人的赵佗占据了。他早已自立为“南越王”。高祖就派陆贾携同印玺，干脆正式封赠他。这是公元前 196 年。

赵佗大模大样地坐在席子上，伸直了两脚，帽子也不戴，头上盘了一个髻（想想后来日本武士时期那些藩主可能就是那个样子）接见陆贾。

“大王是中国人，亲戚兄弟、坟墓都还在真定。现在大王放弃了冠帽衣带，想以小小的南方一角，与广大中原的天子对抗，恐怕会有大祸！”

赵佗听陆贾这么一说，就坐直了身子。

“大王您看秦朝失败了，天下豪杰竞逐，只有我们汉王能够先入关中，占了咸阳。项羽违背盟约，自立为西楚霸王，强大得不得了，我们汉王又从巴蜀起来，几年间就平定天下。这不是天意，是什么呢？我们大可以乘势打下南方来，声讨你们当初没有追随汉室的罪，收拾你们这一角。不过，老百姓大概也需要休息了，所以就派我来，带了印信，希望大王同意与中央政府建立良好关系。否则，冲突起来，中央就会焚烧大王先人的坟冢，平灭大王的宗族，再派一名将领，带十万兵马，南下征讨，到那时，恐怕你们南越就有人杀了君王，降服中央了！”

赵佗脸色渐渐变了，端端正正地坐了起来，说：

“对不起，在野蛮地方住久了，礼貌也忘记了——啊，是了，比起你们的萧何、曹参、韩信，我和他们，谁更能干？”

“似乎是大王更能干一点吧。”

“我和皇帝呢？”

“恐怕难以比较，也不必比较吧。皇帝是天命所归。大家都知道当今天子，本是沛县的一介平民，起来讨伐残暴的秦，打败强横的楚，替天行道，继承五帝三王的功业，从此数以亿计的中国人民，纵横万里的中国土地，由一姓一家所统治，这是天地开辟以来从未有过的伟大局面啊！比起来，大王现在不过统治着几十万不大开化的人，山海崎岖，不过是大汉的一个郡罢了！怎可以、也何必和大汉较量呢？”

赵佗哈哈大笑，说：

“其实，我不在中国发展，所以便做这里的君王了。如果当初我在中国，又有哪些地方不及汉朝呢？罢了，罢了！大概真是天意吧。我们还是不要再搞对立、搞抗争了。来来来！让我和你饮个痛快，谈个痛快！这里的人，能跟我谈的太少了！陆先生来了，我每天都有新话题，都能听到新东西，真是好！”

陆贾就被挽留了好几个月，临走还得到许多珍贵的礼物。汉高祖也因为赵佗和平归顺而十分欣喜，拜陆贾为太中大夫。

* * *

高祖不久驾崩，继任的惠帝孤弱无能，吕太后当权，想封自己娘家的人为王，又怕大臣反对。陆贾看看情况不对，又自量无力抗争，就称病退休，选了一处好田土，把当初赵佗所送的礼物变卖，得了千金，平均分配给五个儿子，叫他们拿去投产增值，自负盈亏，并且约定老太爷要坐着一辆四匹大马的安乐车子，带十名随从和歌舞人员，以及价值百金的宝剑，轮流住在五个儿子家。一切支出，由儿子供应。每次不超过十天，每年不超过三次。所谓“数见不鲜”，见得太多，彼此就都会厌倦。这样周而复始，将来死在哪一家，大车、宝剑、仆从，就归哪一家所有。剩下半年的日子，老太爷会到其他地方，探探朋友，就不麻烦五个孩子了。

——好个陆贾！真正世事洞明、人情练达，连父子之间的道理，也通透得不得了！

* * *

吕氏家族声势越来越盛，眼看就要劫持少主，篡夺刘家天下了。右丞相陈平十分忧心，又怕祸及于己，常常闭户深思。陆贾探望他，便被请入内室，款款深谈。陆贾提醒陈平：

“天下安定，关键在丞相；天下动乱，关键在大将。将相和合，人才就会归附，即使有变乱，也不会危及政权根本。现在事情的关键就在于你们将相两位能否合作。我已经和太尉周勃提起了好几次，他总以为我是说笑，大概是我的分量不够吧。丞相何不主动与太尉交好，密切合作呢？”

陈平于是借机备了五百金的厚礼，办了丰盛的筵席，送给周勃；周勃大为感动，也照样还礼。从此两人来往亲切，吕家的阴谋便难以得逞。陈平为了酬谢陆贾，便送了他一百名婢仆、五十乘车马、五百万钱。陆贾从此更以清贵之身，往来公卿之间，名气极响。

* * *

吕后临朝第四年（即惠帝四年，公元前191年），有人奏请停止与南越交易，特别是禁运铁器。赵佗大怒，认定是北邻长沙王想藉此弱化南越，以便吞并。于是自加尊号为“南越武帝”，发兵攻打长沙，打下了几个县城。吕后派兵南下，怎知山路崎岖难行，天气又热又湿，中原将士水土不服，纷纷病倒。不久，吕后自己也病死了，诸吕被陈平、周勃等大臣诛平，南征的事，也就不了了之。赵佗乘机胁诱闽越（即现在福建以至浙江南部）归为属国，势力大张，自己也就摆足皇帝的仪仗架式，威风起来了。

公元前 179 年，汉朝大臣拥立文帝刘恒。文帝因为禀性仁厚谦下，又自知得位侥幸，加以洞察时势需要，便聪明地采行无为而治的黄老之道，与民休息，以恢复社会的元气。内政外交，都以妥协息争为尚。对于南越，他先派人到真定，设立专门机构，负责赵佗祖坟的祭祀、维修；又把赵佗的叔伯兄弟找来，都给以高官厚禄；又请教陈平丞相：谁是派往南越的最佳使者，当然又是陆贾了。

于是，赵佗喜气洋洋地接见他十七八年没见的老朋友，也喜气洋洋地阅读汉文帝的亲笔书信——语气当然是皇帝的，意思里一定有陈平、陆贾的高见在：

“皇帝诚恳地问候南越王安好！精神劳苦了！

“朕是高皇帝偏房的儿子，被舍弃到外边，在代地做北方的屏藩。路太远了，自己又闭塞朴实，一向不曾写信给您。

“高皇帝舍弃了群臣，孝惠皇帝也去世了，高后亲自临朝，不幸有病，以致政治上也有急躁差错的地方。吕氏一族乘机乱来，高后一个人控制不了，甚至拿了别家孩子当作孝惠皇帝的子嗣，幸亏靠着祖宗的威灵、功臣的努力，把乱党都诛灭了。

“因为王侯、官吏们不让朕推辞君位，只好勉力为之。听说您写信给将军隆虑侯，要找寻亲兄弟，并且罢免长沙两位将军，这些朕都照办了。您在真定的祖坟，早已派人修好。前些时候，听说您派人攻打边界，长沙、南郡的百姓好苦！不过，难道您治下的人民就好过吗？如果一定要杀许多士卒、伤许多将领，害得人家变成孤儿寡妇，父母临老没有儿子供养，这样的坏处十倍于打仗得来的好处，朕是绝不忍心做的（仗，可以不打就不打吧）。朕想把长沙和南越之间交叉的边界调整一下（有争执的地方就都让给您吧），可是负责的官吏们说：‘这是高皇帝定下的疆界。’朕又怎好随便变更呢？他们又说：‘中国已经够大了，得到南越的土地，也大不了多少，得到南越的财宝，也富不了多少。’那么，服岭（大庾岭）以南，就由您管理吧。

“问题只有一点：朕是皇帝，您的称号也是皇帝，两个皇帝并立，没有一个起码的使者沟通往来，那就有争执了！争执而不能礼让，这不是仁者所为啊！朕愿意和您一同放弃以前不愉快的记忆，从今以后，照旧互通使者。这次就派陆贾赶来表达朕的心意，希望您也能接受朕的建议，以后不要打过来了。

“上等厚锦衣五十件，中等的三十件，薄一点的也是三十件，都送给您（穿着这些，就好像在北方真定家乡度岁了）。祝愿您身体健康，听听音乐，放松心情，和邻国友好相处。”

赵佗看了这封谦厚诚恳的信，实在感动得不得了，就下令说：“汉皇帝是贤天子，从今以后，我们就去掉帝号和排场吧。”于是写了一封回信，说：

“野蛮人的首领，老臣赵佗，冒着死罪，再拜上书皇帝陛下：

“老夫本是中央派来南越的一个官吏，承蒙高皇帝赏给王爵的印玺，封为外臣，按时进贡。孝惠皇帝即位，也没有弃绝老夫，赏赐仍然丰厚。到高后临朝，亲信小人，把我们真的当作野蛮人而分别看待，下命令说：‘铜铁、农具、马、牛、羊，都不卖给他们。即使要卖牲畜，也只卖公的，不卖母的！’老夫住在这个僻远的地方，马牛羊都渐渐衰老了。有公没母，不能繁殖，祭祀就不能齐备，变成不敬鬼神，叫我们怎么办呢？曾经派过三名使者，上书谢罪，怎知都不放回来。又听说老夫父母的坟墓都给毁坏了；兄弟和族人，都被论罪处死了。手下的官吏便商议说：‘现在我们在汉朝没有什么作为了，对外又没有与人不同、比人高明的地方，怎么办呢？’于是我们便变更称号为‘帝’——其实也不过是关了门自己叫叫，并不是要和谁过不去啊！高后就大大冒火，削去了南越的国籍，真把我们当作野蛮的外邦人了。又断绝了和我们的往来，老夫怀疑是长沙王讲下臣的坏话，所以派兵打打他们边界，教训一下而已。

“再说吧，南方土地又低又湿，蛮夷之中，西边的西瓯（广西）有一半人都是孱孱弱弱的，东边的闽越（福建）不过几千人罢了，他们两边都已自称为王。最好笑的是西北那个长沙，一半是真真正正的野蛮人，他们的头儿也学人家称王呢！所以老夫也偷偷地称帝一番，自己玩玩罢了。

“老夫亲身平定下来的地方，有百余个城邑，东南西北几千上万里，带甲的士兵也有百余万，然而老夫仍然北面奉汉为君，为什么呢？不敢背弃自己的祖先罢了。老夫在南越四十九年，现在已经抱孙子了。不过，老夫还是早早起来，晚晚才睡。睡不安宁，吃不下饭，好东西不愿看，好音乐不愿听。为什么呢？就是不能效忠于自己的国家，不安乐嘛！

“现在陛下可怜老夫，恢复了老夫的称号，派人来联络，老夫就是死，骨头也不腐朽了。老夫决定，立即就去除帝号，仍然对汉北面称臣。

“趁着使者方便，送上白璧一双、翠羽千尾、犀牛角十支、紫贝五百个、桂蠹一瓶、活的翠鸟四十对、孔雀两只。

“冒着死罪，再拜禀告皇帝陛下。”

于是皆大欢喜，南越和中央从此和谐共处。

原文出处

高祖使陆贾赐尉他印为南越王。陆生至，尉他魋结箕倨见陆生。陆生因进说他曰：“足下中国人，亲戚昆弟坟在真定。今足下反天性，弃冠带，欲以区区之越与天子抗衡为敌国，祸且及身矣。且夫秦失其政，诸侯豪杰并起，唯汉王先入关，据咸阳。项羽背约，自立为西楚霸王，诸侯皆属，可谓至强。然汉王起巴蜀，鞭笞天下，劫略诸侯，遂诛项羽，灭之。五年之间，海内平定，此非人力，天之所建也。天子闻君王王南越，不助天下诛暴逆，将相欲移兵而诛王，天子怜百姓新劳苦，故且休之，遣臣授君王印，剖符通使。君王宜郊迎，北面称臣，乃欲以新造未集之越，倔强于此。汉诚闻之，掘烧王先人冢，夷灭宗族，使一偏将将十万众临越，则越杀王降汉，如反覆手耳。”

于是尉他乃蹶然起坐，谢陆生曰：“居蛮夷中久，殊失礼义。”因问陆生曰：“我孰与萧何、曹参、韩信贤？”陆生曰：“王似贤。”复曰：“我孰与皇帝贤？”陆生曰：“皇帝起丰沛，讨暴秦，诛强楚，为天下兴利除害，继五帝三王之业，统理中国。中国之人以亿计，地方万里，居天下之膏腴，人众车舆，万物殷富，政由一家，自天地剖泮未始有也。今王众不过数十万，皆蛮夷，崎岖山海间，譬若汉一郡，王何乃比于汉！”尉他大笑曰：“吾不起中国，故王此。使我居中国，何渠不若汉？”乃大说陆生，留与饮数月。曰：“越中无足与语，至生来，令我日闻所不闻。”赐陆生橐中装直千金，他送亦千金。陆生卒拜尉他为南越王，令称臣奉汉约。归报，高祖大悦，拜贾为太中大夫。

陆生时时前说称《诗》《书》。高帝骂之曰：“乃公居马上而得之，安事《诗》《书》！”陆生曰；“居马上得之，宁可以马上治之乎？且汤武逆取而以顺守之，文武并用，长久之术也。昔者吴王夫差、智伯极武而亡；秦任刑法不变，卒灭赵氏。向使秦已并天下，行仁义，法先圣，陛下安得而有之？”高帝不怿而有惭色，乃谓陆生曰：“试为我著秦所以失天下，吾所以得之者何，及古成败之国。”陆生乃粗述存亡之征，凡著十二篇。每奏一篇，高帝未尝不称善，左右呼万岁，号其书曰《新语》。

孝惠帝时，吕太后用事，欲王诸吕，畏大臣有口者，陆生自度不能争之，乃病免家居。以好畤田地善，可以家焉。有五男，乃出所使越得橐中装卖千金，分其子，子二百金，令为生产。陆生常安车驷马，从歌舞鼓琴瑟侍者十人，宝剑直百金，谓其子曰："与汝约：过汝，汝给吾人马酒食，极欲，十日而更。所死家，得宝剑车骑侍从者。一岁中往来过他客，率不过再三过，数见不鲜，无久慁公为也。"

吕太后时，王诸吕，诸吕擅权，欲劫少主，危刘氏。右丞相陈平患之，力不能争，恐祸及己，常燕居深念。陆生往请，直入坐，而陈丞相方深念，不时见陆生。陆生曰："何念之深也？"陈平曰："生揣我何念？"陆生曰："足下位为上相，食三万户侯，可谓极富贵无欲矣。然有忧念，不过患诸吕、少主耳。"陈平曰："然。为之奈何？"陆生曰："天下安，注意相；天下危，注意将。将相和调，则士务附；士务附，天下虽有变，即权不分。为社稷计，在两君掌握耳。臣常欲谓太尉绛侯，绛侯与我戏，易吾言。君何不交欢太尉，深相结？"为陈平画吕氏数事。陈平用其计，乃以五百金为绛侯寿，厚具乐饮；太尉亦报如之。此两人深相结，则吕氏谋益衰。陈平乃以奴婢百人，车马五十乘，钱五百万，遗陆生为饮食费。陆生以此游汉廷公卿间，名声藉甚。

（《史记·郦生陆贾列传》，2697 页）

上召贾为太中大夫，谒者一人为副使，赐佗书曰：“皇帝谨问南粤王，甚苦心劳意。朕，高皇帝侧室之子，弃外奉北藩于代，道里辽远，壅蔽朴愚，未尝致书。高皇帝弃群臣，孝惠皇帝即世，高后〔自〕临事，不幸有疾，日进不衰，以故诗暴乎治。诸吕为变故乱法，不能独制，乃取它姓子为孝惠皇帝嗣。赖宗庙之灵，功臣之力，诛之已毕。朕以王侯吏不释之故，不得不立，今即位。乃者闻王遗将军隆虑侯书，求亲昆弟，请罢长沙两将军。朕以王书罢将军博阳侯，亲昆弟在真定者，已遣人存问，修治先人冢。前日闻王发兵于边，为寇灾不止。当其时长沙苦之，南郡尤甚，虽王之国，庸独利乎！必多杀士卒，伤良将吏，寡人之妻，孤人之子，独人父母，得一亡十，朕不忍为也。朕欲定地犬牙相入者，以问吏，吏曰‘高皇帝所以介长沙土也’，朕不得擅变焉。吏曰：‘得王之地不足以为大，得王之财不足以为富，服领以南，王自治之。’虽然，王之号为帝。两帝并立，亡一乘之使以通其道，是争也；争而不让，仁者不为也。愿与王分弃前患，终今以来，通使如故。故使贾驰谕告王朕意，王亦受之，毋为寇灾矣。上褚五十衣，中褚三十衣，下褚二十衣，遗王。愿王听乐娱忧，存问邻国。”

陆贾至，南粤王恐，乃顿首谢，愿奉明诏，长为藩臣，奉贡职。于是下令国中曰：“吾闻两雄不俱立，两贤不并世。汉皇帝贤天子。自今以来，去帝制黄屋左纛。”因为书称：“蛮夷大长老夫臣佗昧死再拜上书皇帝陛下：老夫故粤吏也，高皇帝幸赐臣佗玺，以为南粤王，使为外臣，时内贡职。孝惠皇帝即位，义不忍绝，所以赐老夫者厚甚。高后自临用事，近细士，信谗臣，别异蛮夷，出令曰：‘毋予蛮夷外粤金铁田器；马牛羊即予，予牡，毋与牝。’老夫处辟，马牛羊齿已长，自以祭祀不修，有死罪，使内史藩、中尉高、御史平凡三辈上书谢过，皆不反。又风闻老夫父母坟墓已坏削，兄弟宗族已诛论。吏相与议曰：‘今内不得振于汉，外亡以自高异。’故更号为帝，自帝其国，非敢有害于天下也。高皇后闻之大怒，削去南粤之籍，使使不通。老夫窃疑长沙王谗臣，故敢发兵以伐其边。且南方卑湿，蛮夷中西有西瓯，其众半羸，南面称王；东有闽粤，其众数千人，亦称王；西北有长沙，其半蛮夷，亦称王。老夫故敢妄窃帝号，聊以自娱。老夫身定百邑之地，东西南北数千万里，带甲百万有余，然北面而臣事汉，何也？不敢背先人之故。老夫处粤四十九年，于今抱孙焉。然夙兴夜寐，寝不安席，食不甘味，目不视靡曼之色，耳不听钟鼓之音者，以不得事汉也。今陛下幸哀怜，复故号，通使汉如故，老夫死骨不腐，改号不敢为帝矣！谨北面因使者献白璧一双，翠鸟千，犀角十，紫贝五百，桂蠹一器，生翠四十双，孔雀二双。昧死再拜，以闻皇帝陛下。”

（见《汉书·西南夷两粤朝鲜传》，班固撰：《汉书》，3849 页，北京：中华书局，1962 年）

29

汉邹阳　铺陈典实说梁王

现在的人，对古代不是那么尊重了；不过还是应该相信：鉴往可以知来，前事不忘，后事之师。现代的政治领袖，不那么容易大权独揽，一念之间就决定人家的生死；不过，要他改变心意，历史上的实证还是有效的说服方法。

中国古人崇尚文章、敬信经验，要说动君主，特别是书面陈奏，少不了用华言美辞以动人之情、铺陈古典以服人之心。从战国到汉初，风气都是如此。邹阳著名的《狱中上梁王书》就是一例。

汉初也是“一国两制”，不过并非在经济上而是在政治上：诸侯分立的“封建”与中央直辖的“郡县”并行。那时，不是刘氏宗室不能封王。不过，中央与诸侯虽说是宗亲，本质上还是会有权力冲突；汉景帝时以骄横的吴王濞为首的“七国之乱”，就是由此而起。景帝做太子时，因赌博争执打死了吴王的儿子，以及即位后采行晁错奏请的削藩政策，只是远近两条导火线。

吴王起事，极力谏阻而失败的门客邹阳就去投奔梁孝王。孝王与景帝是同胞兄弟，感情极好，与窦太后尤其母子情深。七国之乱，梁当然极力护汉拒吴，立了大功。乱平之后，帝室宠赐更厚。梁王的排场仪仗，几乎与天子相同；珠宝财富，比京师更加丰盛。一次宴饮之后，景帝甚至失言，说要传位于他，以尽兄弟之情。梁孝王盖了一所方圆三百多里的超级花园别墅，称为“兔园”，招纳四方宾客、文士。邹阳和其他著名大作家如司马相如、枚乘、严忌等都在其中。当时景帝尚未定太子，梁孝王就托母后表达愿做继承人的强烈意愿，并且请求建设特别通道，从梁国直达太后的长乐宫。大臣袁盎等以不合体制为由极力反对，于是没有建成。后来景帝立刘彻为太子——就是后来的汉武帝——梁孝王因此十分愤恨失望，便听从佞臣羊胜、公孙诡的话，派人刺杀袁盎以及其他议臣十多人，并且企图越轨。这件事情极隐密，知道的人也大都不敢谏阻，只有邹阳忠言逆耳，惹得梁王大怒；一向妒忌邹阳的羊胜、公孙诡两个“同乡”更乘机大肆谗毁，邹阳被下狱，旦夕之间便要处死了，于是他便写了这封信。

* * *

“‘忠心的，一定有报答；信实的，不会被怀疑’，这句流行的话，我一向相信，原来只不过是空话！”

——信一开头便提出问题，引人注意。从战国到汉初，是君主趋向集权的时代，是游士、任侠遗风未泯的时代，“忠信”被认为是极高贵的品德。邹阳劈空提出一个流行理念：

“忠无不报，信不见疑”，并且立即质疑它是否仍然正确；如果不正确，社会秩序、君王权位靠什么维持？如果正确，为什么历史上有无数“信而见疑，忠而被谤”的悲惨例子，并且，自己也快成为另一个例子？荆轲为燕太子丹行刺秦王，精诚所至，白虹贯日；卫先生为白起请求秦昭王增兵粮以灭赵，太白金星也受感动而侵入代表赵国的昴星范围。可惜太子丹一度怀疑荆轲犹豫不去，秦昭王也不肯完全信任白起，于是天象感动也没有用，荆轲、白起还是落得悲惨的下场。这些震撼人心的事例，在天人感应、阴阳灾异学说流行的当时，对喜好文史、笃信谶纬的梁王，是很有影响力的。

梁王便立即看下去，一大批忠信而被残害的例子：再三献玉而被断足的卞和，尽忠秦朝而受五刑惨死的李斯，佯狂避世的箕子、接舆，被纣王剖心的比干，被主君夫差逼死、弃尸在革囊里丢进钱塘江中的伍员……历史是否重演，就看梁王能不能深思熟虑了。

第二段同样用“常言有道”开始：“白头如新，倾盖如故。”不投契的，相交到老，情谊还是浅薄得像刚刚相识；投契的，刚刚相识，却可以互信互爱，像是多年知己。君臣之间也是如此。秦将樊于期一逃到燕国，便奉上自己的头颅由荆轲交给太子丹，以便取信于秦而行刺；去齐之魏的齐臣王奢登上魏城自杀，以解除齐军攻魏的借口；苏秦最后被各国怀疑，只有燕王对他始终信任，他也就对燕国守信而死；中山将领白圭亡失六城，逃罪入魏，受了魏君厚待，便反过来替魏国征服了中山。可见君臣之间，不在乎关系久暂，最重要是彼此肝胆相照。

这件事最大而又最容易出现的障碍，便是中间的人的妒忌。邹阳又以另一句精警的断语，展开了第三段：“女无美恶，入宫见妒；士无贤不肖，入朝见嫉”——女人，不论美丑，只要被选入宫，就会被人嫉妒；男人，不论贤愚，只要选入朝，就会被人眼红。这句话，真是行诸古今中外而不移！邹阳举了许多古人古事，来证明这个可悲的道理：在宋国受了膑刑的司马喜，到中山做了贤相；在魏国被打得断肋折齿的范雎，到秦被封为应侯。他们当初都是坚守自己所信的正确原则，不拉帮结派，独往独来，所以逃不了被妒忌的命运。妒忌逼死了无数古今贤人，殷末的申徒狄、周末的徐衍，都是跳河投海，悲愤自杀。另一方面，百里奚乞食路上，最后得到秦穆公的重用；甯戚在车下喂牛，结果获得齐桓公的赏识。他们两位岂是靠官做得久，人脉丰富、众口交荐的吗？所以，人主最要紧是有明辨的眼光，有诚挚的情意，那样就什么人也不能离间了。

最重要是不可错误地偏听偏信。邹阳又以“偏听生奸，独任成乱”的名句展开了第四段。佞臣谗谀，连孔子、墨翟那样的大贤，也一样成为受害者：因为“众口铄金，积毁销骨”。

金属，也会被人们的臭嘴熔化；骨头，也会被长期的毁谤销蚀！在这个后来成为中文成语的精警语句之后，又是一大串故事、例子，在后人读来，未免会觉得太多；而在崇尚辞赋式铺排的当时，在喜爱文史的梁孝王看来，可能正对胃口。这些典例，都是君臣相处相信之道的历史教训，对早已是藩主而时时刻刻想做皇帝的梁孝王来说，实在适合，而且也可见邹阳危在旦夕，仍然不忘尽进忠言，斟酌损益，希望他所效忠的领袖能够以明举人，以诚感人，得到臣下的以死相报，而不是众叛亲离。

信写完了第四段，又笔锋一转，暂时不用典故，而用一些生动的假设，吸引读者看下去：一班人带剑夜行，步步为营之际，忽然一颗光芒四射的东西，一个璀璨耀目的物件，被投掷过来——原来是明月之珠、夜光之璧！

谁去捡拾？

没有人。至少没有人会不顾一切，立即就去捡拾。至少要看一看，想一想。所有人都会立即按着剑柄，警戒地斜眼察看：究竟是什么人？搞什么鬼？相反，奇形怪状、盘结弯曲、没有一点儿地方正直的树根木头，倒成为天子的玩物。为什么呢？就因为有左右的人，替它们涂脂抹粉，夸赞介绍它们啊！事情是如此，难怪许许多多贫寒、孤独的才德之士，终至穷贱而死！所以聪明的领袖，要如经验独到的工匠一般，运转陶钧，而不受他人干扰——选择信谁的话和不听谁的话是极重要的：以秦王嬴政的英明，误信了中庶子蒙嘉的话而接见荆轲，几乎被刺而死；反之，周文王在渭水之滨很偶然地碰到吕尚，就赏识他，邀请他同车回去，而开创了周朝的天下。可悲的是：现在许多君主都陷溺在阿谀奉承的假、大、空话之中，被宠幸的佞臣包围、牵制，难怪忠贞耿介的人，要像春秋时代的鲍焦一般，悲愤地抱着树木绝食而死。

这是第五段，申明一个道理：没人推介，不等于没有才华，更不等于不忠不信，一切在于为人君者的明辨、抉择。

如果劝谏过了，君主还是看错了、选错了，忠信之士该怎么办？会放弃原则、放弃荣誉，“识时务”地追随谄谀小人的集团，以保利禄富贵吗？不！绝不！邹阳在信的最后说：“盛饰入朝者，不以利污义；砥厉名号者，不以欲伤行”——庄重地进入朝堂的，不以私利妨碍公义，爱惜名节的，不以贪欲伤害德行。以大孝著名的曾子，见到名为“胜母”的里巷，便不愿进入；以反对音乐为主张的墨子，因为那都邑名“朝歌”就回转车驾不去。可见人的自尊自处，可以严谨到什么地步！现在如果要有胸襟、有抱负的人，被权力笼罩，被势位胁迫，放下尊严，去侍奉阿谀谄媚的小人，以期接近权力中心，那么真正的人才，就只有隐伏、老死在洞穴山野中了，又怎能投奔朝廷、竭信尽忠呢！

*　*　*

邹阳这封上书，以“忠信”始，以“忠信”终。中间有许多排偶的辞藻和历代的相关典故。大致可以分为几段，几乎一律以精警扼要的论断之语作为起结，中间不免有时重复，却正是一个满腔忠愤的人，身处危急之中时满怀激动的最后陈词，为古今“信而见疑，忠而被谤”的无数受冤者陈词，求取公道，求取信任，而并非为自己摇尾乞怜，对梁王隐现的非分之想、不法之举没有再提，对中伤自己、要置自己于死地的两个同乡没有指名斥骂，通篇只是慷慨恳切地披肝沥胆。末段尤其激昂坚决，置生死于度外，难怪梁王读了大为感动。当然，也幸亏这封信终被期望中的读者看到，而不是像韩非、李斯的狱中上书一般的命运。邹阳于是立即获释，并且后来被尊为上宾。那时梁王闯了大祸，从此失宠，被朝廷追究，羊胜、公孙诡两人自杀，还是亏得邹阳替梁王谋划、奔走，事情才告平息。

原文出处

邹阳客游，以谗见禽，恐死而负累，乃从狱中上书曰：

臣闻忠无不报，信不见疑，臣常以为然，徒虚语耳。昔者荆轲慕燕丹之义，白虹贯日，太子畏之；卫先生为秦画长平之事，太白蚀昴，而昭王疑之。夫精变天地而信不喻两主，岂不哀哉！今臣尽忠竭诚，毕议愿知，左右不明，卒从吏讯，为世所疑，是使荆轲、卫先生复起，而燕、秦不悟也。愿大王孰察之。

昔卞和献宝，楚王刖之；李斯竭忠，胡亥极刑。是以箕子佯狂，接舆辟世，恐遭此患也。愿大王孰察卞和、李斯之意，而后楚王、胡亥之听，无使臣为箕子、接舆所笑。臣闻比干剖心，子胥鸱夷，臣始不信，乃今知之。愿大王孰察，少加怜焉。

谚曰："有白头如新，倾盖如故。"何则？知与不知也。故昔樊於期逃秦之燕，藉荆轲首以奉丹之事；王奢去齐之魏，临城自刭以却齐而存魏。夫王奢、樊於期非新于齐、秦而故于燕、魏也，所以去二国死两君者，行合于志而慕义无穷也。是以苏秦不信于天下，而为燕尾生；白圭战亡六城，为魏取中山。何则？诚有以相知也。苏秦相燕，燕人恶之于王，王按剑而怒，食以駃騠；白圭显于中山，中山人恶之魏文侯，文侯投之以夜光之璧。何则？两主二臣，剖心坼肝相信，岂移于浮辞哉！

故女无美恶，入宫见妒；士无贤不肖，入朝见嫉。昔者司马喜髌脚于宋，卒相中山；范雎摺胁折齿于魏，卒为应侯。此二人者，皆信必然之画，捐朋党之私，挟孤独之位，故不能自免于嫉妒之人也。是以申徒狄自沉于河，徐衍负石入海。不容于世，义不苟取，比周于朝，以移主上之心。故百里奚乞食于路，缪公委之以政；宁戚饭牛车下，而桓公任之以国。此二人者，岂借宦于朝，假誉于左右，然后二主用之哉？感于心，合于行，亲于胶漆，昆弟不能离，岂惑于众口哉？故偏听生奸，独任成乱。昔者鲁听季孙之说而逐孔子，宋信子罕之计而囚墨翟。夫以孔、墨之辩，不能自免于谗谀，而二国以危。何则？众口铄金，积毁销骨也。是以秦用戎人由余而霸中国，齐用越人蒙而强威、宣。此二国，岂拘于俗，牵于世，系阿偏之辞哉？公听并观，垂名当世。故意合则胡越为昆弟，由余、越人蒙是矣；不合，则骨肉出逐不收，朱、象、管、蔡是矣。今人主诚能用齐、秦之义，后宋、鲁之听，则五伯不足称，三王易为也。

是以圣王觉寤，捐子之之心，而能不说于田常之贤；封比干之后，修孕妇之墓，故功业复就于天下。何则？欲善无厌也。夫晋文公亲其仇，强霸诸侯；齐桓公用其仇，而一匡天下。何则，慈仁殷勤，诚加于心，不可以虚辞借也。

至夫秦用商鞅之法，东弱韩、魏，兵强天下，而卒车裂之；越用大夫种之谋，禽劲吴，霸中国，而卒诛其身。是以孙叔敖三去相而不悔，於陵子仲辞三公为人灌园。今人主诚能去骄傲之心，怀可报之意，披心腹，见情素，堕肝胆，施德厚，终与之穷达，无爱于士，则桀之狗可使吠尧，而跖之客可使刺由；况因万乘之权，假圣王之资乎？然则荆轲之湛七族，要离之烧妻子，岂足道哉！

臣闻明月之珠，夜光之璧，以暗投人于道路，人无不按剑相眄者。何则？无因而至前也。蟠木根柢，轮囷离诡，而为万乘器者。何则？以左右先为之容也。故无因至前，虽出随侯之珠，夜光之璧，犹结怨而不见德。故有人先谈，则以枯木朽株树功而不忘。今夫天下布衣穷居之士，身在贫贱，虽蒙尧、舜之术，挟伊、管之辩，怀龙逢、比干之意，欲尽忠当世之君，而素无根柢之容，虽竭精思，欲开忠信，辅人主之治，则人主必有按剑相眄之迹，是使布衣不得为枯木朽株之资也。

是以圣王制世御俗，独化于陶钧之上，而不牵于卑乱之语，不夺于众多之口。故秦皇帝任中庶子蒙嘉之言，以信荆轲之说，而匕首窃发；周文王猎泾、渭，载吕尚而归，以王天下。故秦信左右而杀，周用乌集而王。何则？以其能越挛拘之语，驰域外之议，独观于昭旷之道也。

今人主沉于谄谀之辞，牵于帷裳之制，使不羁之士与牛骥同皂，此鲍焦所以忿于世而不留富贵之乐也。

臣闻盛饰入朝者不以利污义，砥厉名号者不以欲伤行，故县名胜母而曾子不入，邑号朝歌而墨子回车。今欲使天下寥廓之士，摄于威重之权，主于位势之贵，故回面污行以事谄谀之人而求亲近于左右，则士伏死堀穴岩薮之中耳，安肯有尽忠信而趋阙下者哉！

书奏梁孝王，孝王使人出之，卒为上客。

（《史记·鲁仲连邹阳列传》，2469 页）

30

贤伉俪　绵绵情意往来书

在崇尚含蓄的中国古代，夫妇家书而坦白热情的，恐怕并不很多；在“父母之命，媒妁之言”的婚姻制度之下，感情深挚、互重互爱的配偶更是难能可贵。秦嘉、徐淑夫妇的两封信，就是这样的珍品。

秦嘉是东汉晚期诗人，太太徐淑也是诗人。秦嘉要到外地公干，徐淑因为身体不好，回娘家休养，没有机会亲自送别。秦嘉思妻情切，派车去接她，不知怎的又没有接到，十分失望，就作了三首诗，写了封信给她：

“车子回来了。空空荡荡的，竟不见您的踪影，失望极了。人生苦短，欢聚的时间更短。我们都从小孤独，好不容易才结合在一起，实在是难得的福气。可惜，又因为种种原因，不能够经常在一起。像这次，我们又要远远隔开了。房间，是空空的；饭菜，是冷冷的。您说，我是怎样的惆怅呢！

“近来得到一面镜子，又明亮，又精美，世间少有，我很喜欢，就把它送给您，希望您也喜欢。还有千金的宝钗一双，丝织的鞋子一对，好香四种，各一斤，都是我小小的心意。至于那张素琴，是我常常弹奏的，也请您收下吧。”

且看真正的佳人，怎样回答才子情郎的信：

“您已经寄信给我，又送了这么多好东西，丰厚的情意，殷勤的爱护，所给予我的惊喜，实在预想不到！

“那镜子确实美丽，那宝钗也真是新奇可喜。香囊十分珍贵，至于您常用的素琴更是无比亲切。把贵异的礼物，特别是自己身边珍爱的东西，送给愚笨的我，不是情深爱重，又怎会如此呢？

“拿着镜子，执着宝钗，我不禁情思缠绵，好像身边正有您在。弹着您常用的琴，念着您为我而写的诗，怀念您的心意又千丝万缕纠结在一起了！

“您吩咐我‘以芳香薰馥身体，用明镜照览形貌’，这些话，不大符合我的心意啊！从前，《诗经》上那位作者说：

‘自从丈夫去了远方，

我的头发就乱似飞蓬；

难道没有香膏沐浴？

只是啊，我为谁而美容？’

“孝成皇帝时代的才女班婕妤，失宠之后，也有‘花啊！为谁开放？为谁而灿烂？’这般的悲叹。

“所以，那张琴，要等您回来，我才会拨弄；那面镜子，要等您在身边，我才会打开。

“如果未看到您的风采，那宝钗，我不戴在头上；如果未和您在一起，那香囊，我不会打开。”

——一位富有教养的才女，在崇尚礼法的时代，将一份浓郁深挚的伉俪之情，洋溢在一封优雅的信中。

可惜，秦嘉不幸早逝，遗下一对儿女。徐淑的兄弟要逼她变节，她写了一封严峻的信加以拒绝，后来哀恸过甚，也就去世了，只留下不朽的作品。

原文出处

车还空反，甚失所望，兼叙远别。恨恨之情，顾有怅然。间得此镜，既明且好，形观文彩，世所稀有，意甚爱之，故以相与。并致宝钗一双，价值千金；龙虎组履一双；好香四种，各一斤；素琴一张，常所自弹也。明镜可以镜形，宝钗可以耀首，芳香可以馥身去秽，麝香可以辟恶气，素琴可以娱耳。

（严可均校辑：《全上古三代秦汉三国六朝文》，834页，北京：中华书局，1958年。后《全上古三代秦汉三国六朝文》引文皆用此版本。）

既惠音令，兼赐诸物，厚顾殷勤，出于非望。镜有文彩之丽，钗有殊异之观，芳香既珍，素琴益好。惠异物于鄙陋，割所珍以相赐，非丰恩之厚，孰肯若斯？览镜执钗，情想仿佛；操琴咏诗，思心成结。敕以芳香馥身，喻以明镜鉴形，此言过矣，未获我心也。昔诗人有飞蓬之感，班婕妤有谁荣之叹。素琴之作，当须君归；明镜之鉴，当待君还。未奉光仪，则宝钗不设也；未侍帷帐，则芳香不发也。今奉旄牛尾拂一枚，可以拂尘垢；越布手巾二枚；严器中物几具；金错碗一枚，可以盛书水；琉璃碗一枚，可以服药酒。

（《全上古三代秦汉三国六朝文》，991 页）

31

马伏波　谨行慎言诫侄儿

在君主极权专制、法网森严的古代，即使是后世想慕、美化的大汉王朝，言论获罪是很容易，也可以很残酷的。对名高招妒的个人以至家族来说，一时不慎，就会祸生不测；皇帝一怒，就要被腰斩、族灭，正所谓伴君如伴虎，防不胜防。在这种环境之下，年少气盛的名门子弟，却时时任性高谈阔论，批评时政，抑扬人物，甚至和轻狂任侠、游走在法律边缘的人来往，他们那沧桑饱历、忧谗畏讥的父母叔伯会是如何担惊受怕，又会怎样苦口婆心、战战兢兢，劝告这些初生之犊，希望他们不要累己累人呢?

东汉初年，著名的伏波将军马援，功勋盖世，当然不是一个畏怯退缩的人物。他的名言是：

> “大丈夫立志，要穷且益坚，老当益壮！”
>
> “男儿汉最好死在边境战地，马革裹尸而还！”

壮志豪情，可以想见。不过，阅历不够、思想还没有成熟便强不知以为知，放言高论，有意无意开罪了太多人物，以致不能留有用之身，发挥更大的作用，这也是他所不愿见的；尤其是不愿见到自己的子侄，冒这个危险。他有名的《诫兄子严、敦书》便是这样的一封信。

一开头，马援就告诫：

“我希望你们听到人家的过失，像听到父母的名字一样：耳可以听，口不可以说。”

现在有些地方，父母尊长姓名都当面直呼，在只要不涉诽谤或不属国防机密，似乎什么都可以批评的自由民主社会里，马援的讲法可能会让人觉得不可思议。其实，当面直呼姓名，始终是冷峻的，甚至是无礼的，对朋友尚且不够友好，何况对生我养我教我育我的父母呢？至于任意批评，甚至践踏他人，似乎是痛快的；贬低别人，似乎等于抬高自己；可是，耳闻甚至目睹的，往往都不尽不实，以此来肆意雌黄，甚至逞一时之快，添醋加盐，成了“二手传播”以至谣言的帮凶，对当事人固然绝不公平，对自己也并无好处，除了败坏心术之外，更可能招来报复与其他横祸！所以，鲁莽武断，传播不负责任的传言，本身便是一种过失，甚至是罪恶，与其害人害己，何如谨厚周慎一点呢？因此，马援说：

“喜欢议论别人长短，随意肯定或者否定国家的法令，这是我最不喜欢的行为，宁死不愿子孙有这种作风。这点，你们早就知道了，我为什么还要啰唆呢？就因为你们是自己的骨肉，就像女子出嫁，父母替她系上彩带、结上佩巾的时候，百般叮咛，不外嘱咐她不要任性，要虚心，少犯错误，诸如此类罢了。”

——青年一代，往往放任意气，夸大所谓“代沟”，轻视父母所传递的、用他们自己当年所犯错误、所受教训而得来的人生智慧，结果重蹈覆辙！中国从周代宗法社会奠立以来，休戚荣辱，往往是整个家族与共。秦汉一统之后，君主淫威与日俱炽，法家黑暗极权的阴魂不息，所谓“高明之家，鬼瞰其室”，即使历代勋荣的世家大族，一个成员偶有不慎，犯了甚至只是被人罗织、诬陷了某个严重其实空泛的罪名，诸如“大不敬”“有反侧之心”等便会招致家破人亡，甚至导致整个宗族被迫害、被诛灭；例子之多，令人寒心！明白这点，我们就可以理解：面对千军万马而指挥若定的一代名将，为什么对子侄们口不择言的过失，这样既厌且怕！

少年人是崇拜偶像的，马援跟着举出两个性行相反而又同样超卓的“偶像级”名人做例子：

“龙伯高谨慎、谦虚、厚道、周密，讲话极有分寸，挑不出过失。他为人有原则，威严而又公正，我敬爱他、尊重他，希望你们效法他。

“杜季良豪爽、讲义气，富有侠士风范，善于与别人分担情感，把朋友的事当作自己的事，黑白两道的朋友都极多，极吃得开。有一次，他办理父亲的丧事，几个郡的头面人物都来吊祭，热闹风光得不得了！我敬爱他、尊重他，不过，绝对不想你们学他。”

为什么呢？下文跟着有解释：

“学龙伯高不到，还不失为谨慎恭敬的老实人，所谓‘刻鹄不成尚类鹜’：雕刻天鹅不成功，至少还像只鸭子，一样会游，一样会飞，只不过模样没那么好看罢了。学杜季良不像，就真不像样了：变成世间人人讨厌的、轻浮浅薄的人，所谓‘画虎不成反类狗’，老虎画不成，变了病狗！”

这两个比喻真生动，尤其是后者，早已成为我们日常语言的一部分。马援继续指出：

“现在杜季良的下场会怎样，还没有人知道。只知道地方上的军头一上任，提起他这个问题人物，就咬牙切齿；有什么问题，人们都牵连到他身上。我常常替他心寒，不知道什么时候他会发生什么不幸的事，所以不愿意你们学他。”

杜季良这位人中豪杰，马援不是不敬佩，只是统一而专制的政府一定会提防、打击帮会势力团体，有战国时代游侠之风的领导人物，必然会成为监视、嫉妒、陷害、消灭的对象。一旦有事，党羽株连必然既广泛又残酷，马援之所以寒心，就在这里。

马援这封信，语言质朴而顺畅，口气虽然严峻，而不失亲切。父兄子弟之间的家常话，就是如此。

当然，相比较现在的青年人，这些话语在当时更容易被接受。

原文出处

（马援）转游陇汉闲，常谓宾客曰：“丈夫为志，穷当益坚，老当益壮。”

（见《后汉书·马援列传》，范晔撰，李贤等注:《后汉书》，828页，北京：中华书局，1965年。后《后汉书》引文皆用此版本。）

援曰："方今匈奴、乌桓尚扰北边，欲自请击之。男儿要当死于边野，以马革裹尸还葬耳，何能卧床上在儿女子手中邪？"

（《后汉书·马援列传》，841页）

初，兄子严、敦并喜讥议，而通轻侠客。援前在交阯，还书诫之曰："吾欲汝曹闻人过失，如闻父母之名，耳可得闻，口不可得言也。好论议人长短，妄是非正法，此吾所大恶也，宁死不愿闻子孙有此行也。汝曹知吾恶之甚矣，所以复言者，施衿结褵，申父母之戒，欲使汝曹不忘之耳。龙伯高敦厚周慎，口无择言，谦约节俭，廉公有威，吾爱之重之，愿汝曹效之。杜季良豪侠好义，忧人之忧，乐人之乐，清浊无所失，父丧致客，数郡毕至，吾爱之重之，不愿汝曹效也。效伯高不得，犹为谨敕之士，所谓刻鹄不成尚类鹜者也。效季良不得，陷为天下轻薄子，所谓画虎不成反类狗者也。讫今季良尚未可知，郡将下车辄切齿，州郡以为言，吾常为寒心，是以不愿子孙效也。"

（《后汉书·马援列传》，844页）

32

汉李固　相副名实激黄琼

东汉是一个崇尚名节的时代。前期有位名列“二十四孝”的黄香，幼时已有“天下无双，江夏黄童”的美誉，学问文章都很有名。他的儿子黄琼，长大后也成了时人敬重的人物。黄琼推辞了无数州郡级的邀请，不肯出来做官；直到朝中公卿交相荐举，连皇帝都下诏征聘了，他才勉勉强强地进京。到了洛阳附近，他想想可能还是觉得政治太复杂，越接近权力中心越可怕，又或者还有其他个人的原因吧，于是又托病，不再继续前行。

还是来吧。当时有位同样学问好、人品好的大臣李固，就写了封信劝他。

怎样劝?

继续褒扬?黄琼已经听腻了。

指责他?他本来就声称不想出山，你一骂他为什么犹豫，为什么畏缩，他干脆就不来了。

怎么办?

半激半劝。

“听说您已经渡过伊水、洛水，接近京都了。想必您对征聘的看法已经渐渐有所改变，觉得还是尊重、顺从皇帝的任命比较好吧。从前孟子说过：有道德洁癖的伯夷，瞧不上眼的君主就不替他做官，是过于狭隘；服务热情很高的柳下惠，什么君主都不推辞，又不够严谨。扬雄《法言》说得对：‘不要做伯夷，也不要做柳下惠，决定进退，重要的是要看准时势。’这真是圣贤自处的宝贵原则啊。

“我想您一定同意：如果确确实实要永远隐居，当然是可以的，不过，如果始终觉得读圣贤书，是要辅助朝政、造福百姓的话，现在正是时候。老实说，自从有人类以来，便是好社会少、坏政治多，一定要尧舜之君当朝才出身，有志之士可能永远都没机会了。”

——信的前半部分，是敦促对方，要真正决定行止了。要学以致用、服务社会、“致君泽民”，现在就是最好的，也是最后的时机，不能再抱理想主义。

“常听人说：‘尖尖的家伙容易折断，白白的东西容易脏污。’《阳春白雪》之类的高雅曲调，能够跟着唱的人一定很少；名气太大，实际表现一定难以相符。最近鲁阳的樊英先生，以阴阳灾异的学问出名，屡次征召都不肯来，连皇帝都动气了，责怪他轻慢，警告他生死贵贱都在人君之手，他却仍然是那样高傲，仍然说，生死是上天的安排，贵贱在自己的抉择；结果还是由皇帝设了高坛，摆了筵席，举行了隆重无比的仪式，当他神明一般，他才勉强接受了官职。不过，几个月后，他就说病得厉害，又辞官回家了。回头一看他在职期间的表现，其实又平凡得令人失望；声誉从此也没那么高了。这不正是希望越大、失望越大吗？

“近年征聘的名流，例如胡元安、薛孟尝、朱仲昭、顾季鸿等，功业表现，都不足称道。所以，一般舆论，都说那些所谓‘处士’，所谓有才德而隐居的人，也不过是浪得虚名，甚至是为了盗取名誉罢了！”

——提这一大批窝囊东西做什么？

“总之，希望先生真真正正发挥一下高尚的理想，实现一下远大的计划，让众人叹服，使处士们的羞辱得以洗雪！”

*　　*　　*

黄琼就毅然继续行程，以后在朝廷果然大有贡献。他和李固，在《后汉书》里都有传。

原文出处

永建中，公卿多荐琼者，于是与会稽贺纯、广汉杨厚俱公交车征。琼至纶氏，称疾不进。有司劾不敬，诏下县以礼慰遣，遂不得已。先是征聘处士多不称望，李固素慕于琼，乃以书逆遗之曰："闻已度伊、洛，近在万岁亭，岂即事有渐，将顺王命乎？盖君子谓伯夷隘，柳下惠不恭，故传曰'不夷不惠，可否之闲'。盖圣贤居身之所珍也。诚遂欲枕山栖谷，拟迹巢、由，斯则可矣；若当辅政济民，今其时也。自生民以来，善政少而乱俗多，必待尧舜之君，此为志士终无时矣。常闻语曰：'峣峣者易缺，皦皦者易污。'阳春之曲，和者必寡，盛名之下，其实难副。近鲁阳樊君被征初至，朝廷设坛席，犹待神明。虽无大异，而言行所守无缺。而毁谤布流，应时折减者，岂非观听望深，声名太盛乎？自顷征聘之士，胡元安、薛孟尝、朱仲昭、顾季鸿等，其功业皆无所采，是故俗论皆言处士纯盗虚声。愿先生弘此远谟，令众人叹服，一雪此言耳。"琼至，即拜议郎，稍迁尚书仆射。

（《后汉书·左周黄列传》，2032 页）

33

李令伯　至孝陈情动晋皇

“敬酒不喝喝罚酒”，是无礼而且无趣的。如果自己是“至微至陋”的“亡国贱俘”，屡次拒命而不肯出仕，“请酒”的对方又正是刚刚征服天下、多疑多忌的专制暴君，一怒之下，那还得了？

不过，那位以“武”为谥号的帝王不只不怒，还十分感动，不只收回成命，还大加恩恤。关键就在一篇至情至性的文章——古今传诵的《陈情表》。

这篇文章的作者就是李密。他本来是蜀汉的文学官员。司马炎篡魏灭吴，一个残暴黑暗的王朝——晋刚刚建立。这时李密四十出头，地方长官一再征召，他都推辞了。最后皇帝亲自下旨——看你李密逃得到哪里？

——你不会是恋念故朝、怀有异心吧？

——你是不是藐视君主、大逆不敬呢？

不是，不敢。

甚至也不是不愿意。只是祖母太老了。恩深情重的祖母，替代母职，把自己抚养成人，如今老弱多病，危在旦夕。祖孙两人，都孤单凄苦。相依为命了几十年，此刻实在不能离去，不忍离去。

请原谅吧。

是的。照顾下一代，是动物的普遍本能；报答上一代，是人类的特殊灵性光辉。

《陈情表》就是一篇洋溢着宝贵人性的篇章。

*　*　*

“微臣李密报告：

“微臣命运不好，早年就遇到不幸。生下来六个月，父亲就去世了。四岁的时候，舅父逼令母亲改嫁。祖母刘氏，怜惜我弱小孤单，就亲自抚养。微臣从小多病，九岁还不能走路。后来便是这样孤苦伶仃地长大成人，没有叔伯的扶持，又没有弟兄的帮助。门庭衰敝，福气单薄，很晚才有儿子。家里，没有照顾门户的僮仆；家外，没有勉强拉得上血缘关系的亲戚。孤孤单单，没有依靠，做伴的只有自己的影子。刘氏祖母很早就疾病缠身，经常卧床养病，微臣侍奉汤药，从来没有离开过她。”

——这是句句写实、字字酸楚的第一段。福气特别好、门庭无比显赫、亲戚突然特别多的晋武帝，读到这里，想必也和常人一样，起了同情、怜悯之心。

“到了当今神圣的王朝，沐浴在清明的教化之中，先是郡太守臣逵察举微臣为孝廉，后是州刺史臣荣荐选微臣为秀才，微臣都因为奉养祖母的事情没有别人能够分担料理，所以推辞不就。后来主上特别下了圣旨，授予郎中官职，跟着又蒙国家大恩，任命为太子洗马。以微臣这么卑贱的人，竟然得到侍奉东宫的荣幸，微臣即使头掉下来，也不能报答！不过，微臣还是呈上了奏表，再次辞谢。但是，诏书很急切、很严峻，怪责微臣逃避责任、怠慢圣旨。地方官吏上门逼迫，催促就任。微臣本想奉接诏令，立即奔驰上路，但是祖母刘氏的病一天重似一天，想多拖延一下，迁就自己的苦衷，可是报告申诉又不蒙允许。微臣的处境，实在狼狈！”

——以上是第二段，叙述朝廷几次征召，以及自己“忠孝难以两全”、进退两难的困境。这样，一方面对方的了解与同情继续增加，一方面自己“愿乞终养”的希望与要求也隐隐透露。

晋武帝以“孝”为标榜，借此来号令天下。李密响应这个号召：

“微臣私下想：当今圣朝是以孝道来治理天下的，所有故旧老人都得到怜惜、照顾，何况微臣特别的遭遇、特别的困境呢！微臣自少就做过伪朝的官，本来就并非无意显达，本来就不是自鸣清高、以名节矜夸的人。现在微臣以亡国贱俘、微极卑陋的身份得到过分的提拔，恩宠任命，十分优厚，又怎敢借故推辞，有非分的妄想？只因为祖母刘氏已经像快要落山的太阳，气息微弱，过了早上都不知道晚上能否在世……”

——委婉、坦诚、恳切、谦卑，读者很难不大受感动。跟着是那极扼要而又著名的一句——

“微臣没有祖母，就没有今天；今天祖母没有微臣，就过不了最后的日子。祖母和孙儿两人，互相依靠着过活。正因为这样，微臣不敢远离半步，放下奉养的职责。”

——到这里，李密正式提出了合理合情的要求：

“微臣四十四岁，而祖母已九十六岁，因此，微臣效忠陛下的日子应该还长，而报答祖母的时光已经没有多少了。怀着乌鸟反哺一般的心愿，微臣请求允许让我奉养祖母到她最后的日子。微臣的辛苦处境，不单西蜀人士、两州长官见到、知道；天地神灵也都看得明明白白。希望陛下怜念微臣愚昧的诚意，让我实现微小的希望，让祖母刘氏侥幸得以安养余年。微臣活着，愿意替陛下效死；死了，愿意像古人一般，结草以酬报恩德——”

——“结草”在这里是一个用得很贴切的典故。春秋时，晋国（也是“晋”）魏颗没有听从父亲临死的话，反而遵从他初病时的意愿，将一名宠妾改嫁，而没让她殉葬。后来那女子亡父的精灵报恩，在魏颗苦战时用草打结，绊倒了敌人，魏颗于是反败为胜。“结草”，就是死后报恩。

大为感动的晋武帝，不只完全批准了他的请求，还赐给婢仆两人，并且命令地方上负担他赡养祖母的费用。

当然，时至今日，自觉地反哺双亲（不要说祖母了）的中国人，比例上可能少了。上表陈情的对象，也不再是皇帝；而且，即使是往日类似皇帝的人，权力运作的方式，也不能如魏晋时代那样任意吧。

原文出处

臣密言：臣以险衅，夙遭闵凶。生孩六月，慈父见背；行年四岁，舅夺母志。祖母刘悯臣孤弱，躬亲抚养。臣少多疾病，九岁不行，零丁孤苦，至于成立。既无伯叔，终鲜兄弟，门衰祚薄，晚有儿息。外无期功强近之亲，内无应门五尺之僮，茕茕孑立，形影相吊。而刘夙婴疾病，常在床蓐，臣侍汤药，未曾废离。

逮奉圣朝，沐浴清化。前太守臣逵察臣孝廉，后刺史臣荣举臣秀才。臣以供养无主，辞不赴命。诏书特下，拜臣郎中，寻蒙国恩，除臣洗马。猥以微贱，当侍东宫，非臣陨首所能上报。臣具以表闻，辞不就职。诏书切峻，责臣逋慢。郡县逼迫，催臣上道；州司临门，急于星火。臣欲奉诏奔驰，则刘病日笃；欲苟顺私情，则告诉不许：臣之进退，实为狼狈。

伏惟圣朝以孝治天下，凡在故老，犹蒙矜育，况臣孤苦，特为尤甚。且臣少仕伪朝，历职郎署，本图宦达，不矜名节。今臣亡国贱俘，至微至陋，过蒙拔擢，宠命优渥，岂敢盘桓，有所希冀。但以刘日薄西山，气息奄奄，人命危浅，朝不虑夕。臣无祖母，无以至今日；祖母无臣，无以终余年。母孙二人，更相为命，是以区区不能废远。

臣密今年四十有四，祖母刘今年九十有六，是臣尽节于陛下之日长，报养刘之日短也。乌鸟私情，愿乞终养。臣之辛苦，非独蜀之人士及二州牧伯所见明知，皇天后土，实所共鉴。愿陛下矜悯愚诚，听臣微志，庶刘侥幸，保卒余年。臣生当陨首，死当结草。臣不胜犬马怖惧之情，谨拜表以闻。

（萧统编，李善注：《文选》，1693 页，上海：上海古籍出版社，1986 年。后《文选》引文皆用此版本。）

34

梁丘迟　一纸劝降陈伯之

一封信消解了战争，让千万人得以终其天年，至少是又延长了一点寿命，当然是好事。

何况，这封信组织严密，条理分明，文采华丽，声律谐畅，实在不愧是著名的骈文佳作、千百年传诵的好文章。

好文章是写给敌方主将陈伯之的一封信，作者是梁朝的丘迟。

好事发生在公元 505 年。梁武帝萧衍即位的第四年，命弟弟临川王领兵北伐，北魏统军踞守于现在安徽寿县附近的是陈伯之。陈伯之本来是淮南人，出身绿林大盗，加入南朝齐后立有战功，做了齐的江州刺史。萧衍建国，他带兵归附，封丰城县公。不久又听信离间，叛降北方，做了北魏的平南将军。总之就是拿士卒的生命、老百姓的生命，以至自己的性命做赌注，翻来覆去。当然，对峙着的南北两个政权，也是以人民的生命为筹码，和这个时降时叛的军阀打来打去。此刻，双方又剑拔弩张，眼看又要尸横遍野、血流成河了。

不如试试用文章解决吧。生于极度崇尚文学的王室和时代之中的临川王，就叫书记丘迟写封劝降的信给陈伯之。

*　　*　　*

“丘迟鞠躬拜候陈将军足下：知道将军康健无恙，十分欣喜。

“将军英勇善战，是众所仰望的；将军的武功韬略，一个时代都不一定能有一两个。将军当年不甘像小小的燕雀般，满足于做地方上的豪强，而是要立大业、建大功，做飞翔万里的鸿鹄。因应时机，遇到了我们当今圣上那样的英明君主，开创了辉煌的事业，加官晋爵，仪仗堂皇，威风远播，真是何等壮盛！想不到一下子就变成逃亡降敌的人，听到响箭就大腿发抖，向那些出身于沙漠帐篷的野蛮人卑躬屈膝，唉，这又是何等低贱呢！”

带兵，要做英勇的爱国爱乡战士；称臣，要光荣亲切地向着自己中华王朝。军人以荣誉为生命；信一开首，就用这一点打动对方。

“推寻将军近几年来去与辞就的关键，坦白说，没有其他原因，就是了解真正的自己不够，听信无谓的他人太多。一时糊涂了，一时冲动了，于是就弄到今天的地步！”

这时南北对峙、敌我分明，立场当然苟且不得。对方当年叛梁投魏，选择是错了，这一点首先讲清楚。不过，点到为止，以留给对方足够的回旋空间。所以，“明之以过”之后便“示之以恩”，宣扬己方的宽大政策：

“我们圣明的朝廷，赦免罪过，要求功劳，瑕疵不要紧，要紧的是有用。我们诚恳的心，推广到整个天下，一切动摇、怀疑，都安定下来。这些，将军都早已清楚，不必多说了。从历史上讲，伟大的君主都能够用人唯才，不问旧恶，汉光武不疑忌有杀兄之仇的朱鲔，曹操照旧任用有杀子之恨的张绣，何况将军并没有朱、张的大罪，而功勋之重，世所共知呢？

“自古以来，有智慧的人都鼓励我们迷途知返。当今圣上，又念旧，又重情，所谓法律嘛，有时也不必计较那么多，看主上向谁施恩就是了。将军过往虽然暂时离开我们，不过，将军的祖宗坟墓，一点儿没有破坏；将军的亲人，还是生活得安安乐乐；将军的住宅，仍然美轮美奂；最重要的，将军宠爱的如夫人仍然好好地在那里等待将军您。主上对将军的这种心意，真是任何人都没话说！”

信写到一半，继续“动之以利”：

“现在我们这边的情况真好。功臣、名将，都论功行赏。有些佩了紫绶、怀了金印，在中央筹划政务；有些坐了轻车，持节到边境坐镇。就像汉朝开国时候的盛况一般：君臣相得，立了誓盟；富贵荣华，传之子孙，长长久久。老实说，以将军的才略、威望，哪一点比不上他人？现在竟然要窝窝囊囊地寄人篱下，被那些野蛮的胡人首领呼来唤去，我们真替将军悲哀呀！”

到了这里，丘迟又加强了一下刺激——“威之以祸”：

“将军：让我们看看不久之前的历史。以南燕慕容超那样的强横，最后要被押解到建康刑场斩首；以后秦姚泓那样强盛，最后要在长安投降，被双手反缚送京处决。可见天公使霜露平均降于大地，就是不荫庇胡人；中原正统文化之邦，容不得野蛮之人。现在北方这帮家伙，非法割据中原，已经太久太久了！坏事也做得太多太多了！崩溃、灭亡，已经不可避免。且看统治伪朝的那班家伙，既狡诈，又糊涂，互相残杀，互相猜忌，马上就要被我们犁庭扫穴，就地擒拿、正法。当然，我们毫不担心他们。我们挂念的只是陈将军您。好像鱼儿在鼎里游泳，下面正烧着火；好像燕子在巢里安歇，巢竟结在动荡的帐幕上面。将军您选择这样的处境，不是太危险、太不可思议了吗？”

告以严重性而又略略恐吓之后，笔锋又转向最温馨的一面，这是全文最有名、最感人的一段——“感之以情”，感之以故旧之情。梦魂羁系的、秀丽的家乡，亲切的老朋友：

“将军：此刻，江南又是春天了。想想我们从小就熟悉的景象吧：三月里，差不多已是暮春了。草木都蓬勃地生长；多彩多姿的花朵，开放在树上；婉转娇啼的黄莺，穿梭在树间。到处是柳绿桃红，到处是鸟语花香，哪像北方这般黄沙漠漠、山穷水恶！将军，当您看到故国军队的旗鼓，回想起过往的日子，抚摸着弓箭，登上城楼，竟然要和来自故乡的老朋友打仗！将军，您不觉得惆怅、不觉得忧伤吗？

“人，都是怀旧的，铁血男儿，对眷恋的故旧还是柔情似水。所以，古代的名将廉颇，念念不忘的是赵国的军兵；吴起，离开西河那阵子，忍不住流下了英雄之泪，这都是常人之情啊！将军难道您没有这种情感吗？所以，希望将军趁早妥善安排。幸福，前途，要将军自己求取。”

从“明之以过”“示之以恩”，到“动之以利”“威之以祸”，现在是“感之以情”，全信已达到劝降艺术的最高境界。最后是一个简短的总结：

“当今皇帝神圣英明，天下安乐，一切祥瑞都先后产生，四方外邦纷纷前来朝贡。现在就只剩下北方这一小撮死不悔改的野蛮人了。我们主帅临川王殿下，德行昭著，是主上至亲，前来慰问洛水一带的老百姓，讨伐秦中的逆贼。如果将军还是思想转不过弯，到将来才回想起我诚恳的劝告，那就太迟太迟了！

“仗着旧交情，我们尽心尽意的话就说到这里吧。丘迟鞠躬。”

*　　*　　*

看完了信，一代枭雄陈伯之，就带着他的八千子弟，投降到梁朝了。

原文出处

迟顿首。陈将军足下：无恙，幸甚幸甚！将军勇冠三军，才为世出，弃燕雀之小志，慕鸿鹄以高翔。昔因机变化，遭遇明主，立功立事，开国称孤。朱轮华毂，拥旄万里，何其壮也！如何一旦为奔亡之虏，闻鸣镝而股战，对穹庐以屈膝，又何劣邪！

寻君去就之际，非有他故，直以不能内审诸己，外受流言，沉迷猖獗，以至于此。圣朝赦罪责功，弃瑕录用，推赤心于天下，安反侧于万物，将军之所知，不假仆一二谈也。朱鲔涉血於友于，张绣刃于爱子，汉主不以为疑，魏君待之若旧。况将军无昔人之罪，而勋重于当世！夫迷途知返，往哲是与，不远而复，先典攸高。主上屈法申恩，吞舟是漏；将军松柏不剪，亲戚安居，高台未倾，爱妾尚在。悠悠尔心，亦何可言！今功臣名将，雁行有序，佩紫怀黄，赞帷幄之谋，乘轺建节，奉疆埸之任，并刑马作誓，传之子孙。将军独腼颜借命，驱驰毡裘之长，宁不哀哉！

夫以慕容超之强，身送东市；姚泓之盛，面缚西都。故知霜露所均，不育异类；姬汉旧邦，无取杂种。北虏僭盗中原，多历年所，恶积祸盈，理至灼烂。况伪孽昏狡，自相夷戮，部落携离，酋豪猜贰。方当系颈蛮邸，悬首稿街，而将军鱼游于沸鼎之中，燕巢于飞幕之上，不亦惑乎！

暮春三月，江南草长，杂花生树，群莺乱飞。见故国之旗鼓，感平生于畴日，抚弦登陴，岂不怆悢！所以廉公之思赵将，吴子之泣西河，人之情也，将军独无情哉？想早励良规，自求多福。

当今皇帝盛明，天下安乐。白环西献，楛矢东来；夜郎滇池，解辫请职；朝鲜昌海，蹶角受化。唯北狄野心，掘强沙塞之间，欲延岁月之命耳。中军临川殿下，明德茂亲，总兹戎重，吊民洛汭，伐罪秦中。若遂不改，方思仆言。聊布往怀，君其详之。丘迟顿首。

（《文选》，1943 页）

35

韩退之　搁浅蛟龙求活水

据说孔子作过这样一首诗歌：

“我想望望鲁国啊，

龟山的树木把她遮蔽！

手上没有斧头啊，

龟山！龟山！真让我心翳！”

自古中国读书人都以加入政府、致君泽民为抱负，如果没有行政机会，一切就难以着手。唐代柳宗元在贬逐中的名句：

“岭树重遮千里目，江流曲似九回肠。”

就是与孔子相同的慨叹。

被贬前的柳宗元是少年得志，考试、出仕都相当顺利，他的好朋友韩愈却是仕途坎坷崎岖，一直都有很多挫折。原来唐代一般士人要参与政治，必须通过考试。首先是礼部主办的“科举”，跟着是吏部的“博学宏词”。前者中了，才有“进士”之类的名衔；后者中了，才有官职可授。在考选过程之中，士子通常需要带着自己平生得意之作投谒于文学名流以至贵人巨公，希望得到他们的称许、推荐，这在当时被称为“行卷”，在当时是既合法又合情合理的。（白居易见顾况，开始被嘲“长安百物皆贵，居大不易”，此后顾况却为“野火烧不尽，春风吹又生”之句所动，就是一个著名的故事。）必须明白这点，我们才能了解何以富有才学，同时也富有自尊的青年韩愈，在三试然后中进士，而又一挫再挫于博学宏词科之后，有“三上宰相书”之类的作品。后世有些人以此议评韩愈“阿谀谄媚”，说这些文章“充满着封建文人那种汲汲于功名利禄的庸俗思想”，恐怕是不明事理，责人太苛吧。

现在要谈的是韩愈文中的一篇佳作：《应科目时与人书》。

“科目”就是分为种种科目以选拔人才的考试，所以又称为“科举”。那时韩愈早已文名远播，可惜考试的运气总是很坏，为朝廷做事的希望很渺茫，甚至生活也难以解决，于是就不得不写信。

信要写得匠心独运，不卑不亢，至少是“卑中有亢”；否则，对方怎会注意、尊重？于是就要如后世古文评论家所谓的“高自位置”“先立地步”：找到行文的立脚点、运笔的着力点——

“听说天池的旁边，大江的附近，有种奇怪的生物，不是寻常鳞甲、介壳一类东西所能比拟的。它一旦得了足够的水，就可以飞腾上天，兴云作雨，沾溉万物，真是神奇之至。

“可惜就是没有水，蛟龙困在浅滩。

“水，其实不是没有；只是与龙有点儿不长不短的距离。中间也没有高山峻岭、旷途绝险的阻隔，不过，在平地上的蛟龙，单靠自己的力量，就是接触不到水。于是，就连平凡猥琐的小水獭，都要嘲笑它、侮辱它！

“在这时候，有能力的人只要一举手一伸脚，就可以协助它改变环境、施展才具；不过，这龙却不肯放弃‘与别不同’的自尊与自负。它说：‘我宁愿烂在泥沙里！要俯首帖耳，摇尾乞怜，真办不到。’有力量的人，便熟视无睹。这龙，是生是死，也就不可知了。

“不是很可惜吗?

“现在有一位有力量的人士在龙的面前。好吧，姑且试试抬抬头，号叫一声吧。怎知那有力者不会同情它的困境，不会知道只要一举手、一伸脚，就可以帮助它转到江海里呢?

“当然，有没有同情，是命运；明知是无从把握的命运，仍然奋力呼叫，这也是命运。

“我现在的处境就是如此；所以忘记了自己的疏愚浅陋，写了这封信，请阁下以同情之心，体察体察吧。”

* * *

手法是托物以自喻，波澜迭起，文字精炼、流畅，句法灵活多转折，形象是新鲜生动，语气是婉转含蓄、点到为止。青年韩愈的文章，已经是龙一般神奇善变。

可惜文章虽好，当时的水还是没有。不过这条龙后来还是奋斗得力，乘风云而上天，被尊为无与伦比的古文大师，位居唐宋八大家之首。

原文出处

月日，愈再拜：天地之滨，大江之濆，曰有怪物焉，盖非常鳞凡介之品汇匹俦也。其得水，变化风雨，上下于天不难也。其不及水，盖寻常尺寸之间耳，无高山大陵旷途绝险为之关隔也，然其穷涸不能自致乎水，为猵獭之笑者，盖十八九矣。如有力者，哀其穷而运转之，盖一举手一投足之劳也。

然是物也，负其异于众也，且曰："烂死于沙泥，吾宁乐之；若俛首帖耳摇尾而乞怜者，非我之志也。"是以有力者遇之，熟视之若无睹也。其死其生，固不可知也。

今又有有力者当其前矣，聊试仰首一鸣号焉，庸讵知有力者不哀其穷，而忘一举手一投足之劳，而转之清波乎？其哀之，命也；其不哀之，命也；知其在命，而且鸣号之者，亦命也。

愈今者，实有类于是，是以忘其疏愚之罪，而有是说焉。阁下其亦怜察之。

（韩愈撰，马其昶校注，马茂元整理：《韩昌黎文集校注》，205 页，上海：上海古籍出版社，1986 年。后《韩昌黎文集校注》引文皆用此版本。）

36

勇刺史　大义凛然驱鳄鱼

“开玩笑！鳄鱼这种低等动物、大爬虫，怎么会与人沟通？韩愈反对佛、道，又写文章祭鳄鱼，简直是！”

“韩愈有什么了不起？封建文人，孔孟之徒，欺人自欺。大概是文章没人看，又要写，就连鳄鱼也要拉来当读者了。哼！”

第二番话不必评论。说第一类话的人，首先是不明白一个政治上的道理。在民智未开的时候，要想让统治长久、根本，当然要教育；不过，要立竿见影地解决刻不容缓的问题，要在极短时间内号召群众，兴利除弊，宗教力量不失为有用的方法。所以，荀子说：“君子以为文，百姓以为神。”领导者以“神”作为一种教化手段，老百姓就觉得奇妙、神祕。

其次，他们是不明白一个修辞上的道理：指桑骂槐，儆猴杀鸡。似对甲说话，实讲给乙听。

*　　*　　*

话说韩愈一生忠君爱国，时刻以社会百姓为念，屡屡发表言论，开罪了不少权贵，害得自己官久不升，甚至一贬再贬，贬到荒远之处。他又因为伦理道德、社会经济、华夷之辨、重振中华文化活力等原因，“觝排异端，攘斥佛老”，不遗余力。偏偏唐朝王室奉老子李耳为宗，很多时候又庇护佛教（除了高祖、武宗时代），君臣上下，往往迷信佞佛可以种来世的福田，求今生的寿禄。（韩愈如果是利禄之徒，不会蠢到不懂加入潮流、投机趋时吧？）常言有道：“做了皇帝想升仙。”做了不少亏心事的宪宗皇帝，更是什么神灵都拜。元和十四年（819年），宪宗恭迎佛骨以求福，五十二岁的韩愈，不顾一切，上表谏阻。话说得太率直了，以至于几乎要被立即处死，幸得大臣相救，宪宗才稍稍息怒，不过还是要把他贬逐远方。又一次贬逐，这次是到当时被认为是天地尽头的南方——

“一封朝奏九重天，夕贬潮阳路八千！
欲为圣明除弊事，肯将衰朽惜残年？
云横秦岭家何在？雪拥蓝关马不前。
知汝远来应有意，好收吾骨瘴江边！”

这首写给来送行的侄孙——就是民间信仰中“八仙”之一的韩湘子——的诗，正好是这位长于文学而又忠于信仰的倔强老人（那时算是老了）的内心写照。为了忠义，他几乎赔上了性命，现在是赔上了平安的生活，赔上了带病随行的幼女（夭折途中）。当然，赢得的是当时和后世的尊敬。

此刻，带着衰疲的身躯、几乎脱光了的牙齿、昏蒙的眼和一颗忧国忧民、倔强不屈的心，以及炉火纯青的文学修养，韩愈到了潮州，一个后来文化兴盛但在当时还未完全开化的地方，连江湖上的鳄鱼也早已横行不法。

牲畜被吃得太多，人被害得太苦了，于是新上任的潮州刺史韩愈，令部下以一羊一猪，投进河（就是后来的韩江）中，自己写了篇文章，祭告一番。名为祭告，实际上是大兴问罪之师的战斗檄文，就像一位坚毅正直的警察局长，上任伊始，约见黑社会头子在酒楼上摊牌谈判，对这些丑类恶物，来一个先礼后兵、未诛先教：

“我告诉你们：上古有道之君，都焚烧山泽，网捉、捕杀那些毒蛇猛兽，以为民除害。后来有些帝王，德行威望不够，于是长江汉水一带，都放弃给了蛮夷，更不要说万里之外的五岭南海之地了。你们长久以来在这里盘踞、活动，也是可以理解的。

“现在不同了。当今大唐天子，是神武英明的皇帝，统治着整个世界，当然包括潮州，扬州的南邻，这个大禹曾经到过的、刺史县令所管理的、朝廷所直辖的、要交纳贡品赋税以供给国家祭祀的地方。所以，简单地说，现在你们与我们是不能够同在一个地方了。我身为刺史，奉了皇帝的任命，镇守这个地方，治理这里的人民，你们鳄鱼不好好躲在溪潭，竟然走上来噬吃牲畜、繁殖后代，俨然是另一个势力中心，和朝廷命官相抗！

“告诉你们，我身为刺史，虽然才能不够，又怎肯低首下心、偷生忍辱，对你们畏怯退让，以致官员和老百姓都觉得羞耻呢？况且，我秉承的是天子命令，势不能不与你们鳄鱼讲个清清楚楚。

“你们鳄鱼如果真的有灵有性的话，就听着——

“潮州南边是个大海，鲸鱼之大，虾蟹之细，都可以容身，都可以生活。路途也不远，你们早上出发，晚上就到了。现在我和你们约好：三天之内，你们全部族类，都要南迁到大海，不许和天子任命的官吏争统治权！

“如果三天办不到，宽限到五天。如果五天也有困难，最多加到七天。七天还不走，那就是有意拖延、不肯离开。那就是你们当我这个刺史不存在，不服从我的命令。再不然，就是你们鳄鱼根本愚蠢无知，刺史虽然对你们好好讲话，你们也听不到、听不懂。我最后一次警告你们：凡是对天子任命的官吏傲慢不服、不肯听命离开，以及顽固愚蠢而又为害百姓的，都该杀！我这个刺史要挑选勇敢能干的人员、百姓，操起强弓硬弩，搭上又毒又利的箭，和你们鳄鱼较量，必把你们杀清才罢手！

“你们想想吧。不要后悔！”

*　*　*

就是那个晚上，不知怎的，风雷暴起，是不是有人安排了某些原始的爆炸物呢？是气候突变？抑或是偶合？总之，有如神助般，到了天明，人们跑去一看，潭水都干了，鳄鱼统统跑光。这位敢于触怒天朝上的皇帝，更勇于挑战地方上的鳄鱼的大文豪韩愈，就在潮州待了八个月，培育了以后千余年所谓“海滨邹鲁”的文化风气；这篇想象丰富而又有现实性、严肃而又富谐趣的名作——《祭鳄鱼文》，也流传千古。

原文出处

维年月日，潮州刺史韩愈，使军事衙推秦济，以羊一、猪一，投恶溪之潭水，以与鳄鱼食，而告之曰：

昔先王既有天下，列山泽，罔绳擉刃，以除虫蛇恶物为民害者，驱而出之四海之外。及后王德薄，不能远有，则江汉之间，尚皆弃之以与蛮夷楚越，况潮岭海之间，去京师万里哉！鳄鱼之涵淹卵育于此，亦固其所。今天子嗣唐位，神圣慈武，四海之外，六合之内，皆抚而有之；况禹迹所掩，扬州之近地，刺史县令之所治，出贡赋以供天地宗庙百神之祀之壤者哉？鳄鱼其不可与刺史杂处此土也！

刺史受天子命，守此土，治此民，而鳄鱼睅然不安溪泽，据处食民畜熊豕鹿獐，以肥其身，以种其子孙；与刺史亢拒，争为长雄；刺史虽驽弱，亦安肯为鳄鱼低首下心，伈伈俔俔，为民吏羞，以偷活于此邪！且承天子命以来为吏，固其势不得不与鳄鱼辨。鳄鱼有知，其听刺史言：

潮之州，大海在其南，鲸鹏之大，虾蟹之细，无不容归，以生以食，鳄鱼朝发而夕至也。今与鳄鱼约：尽三日，其率丑类南徙于海，以避天子之命吏。三日不能，至五日；五日不能，至七日；七日不能，是终不肯徙也。是不有刺史，听从其言也；不然，则是鳄鱼冥顽不灵，刺史虽有言，不闻不知也。夫傲天子之命吏，不听其言，不徙以避之，与冥顽不灵而为民物害者，皆可杀。刺史则选材技吏民，操强弓毒矢，以与鳄鱼从事，必尽杀乃止。其无悔！

（《韩昌黎文集校注》，573 页）

37

王安石　辞精语婉绝交情

唐宋古文八大家之中，韩、柳、欧、苏的成就，自然高于其余四位，不过，论识见之超卓、语言之洗练，王安石实在可以独树一帜。

有一次，秀才李君从陕西泾地走了五百多里到河南汴京，带了作品，要跟王安石学习，以求名誉。王安石回信说：

“昨天多谢您的信，今天又收到您的三篇诗。足下这么年轻，已经能够如此；如果再有良师益友帮助，继续努力，还有什么境界达不到呢！

“从泾地到这里五百多里，道路崎岖，山川险阻，您不辞劳苦，要和我一起研究文章之道，也真是可敬可佩！不过，据来信所说，您目的在于文学的名声。名声是古人也愿意追求的，不过并非优先的考虑。我想，您不如用现在的才华、精力，追求古人最渴望的东西，那真正的好名声自然就归向您了，又有谁能和您竞争呢？

“孔子说：‘君子离开了仁道，又靠什么成就真正的名誉？’古人正因为不以文艺为优先，所以能够如此，您现在却正以文艺为努力的方向，那么，以我的不才，又怎能满足您的要求呢？”

原信短短一百五十字左右，赞扬、勉励、教诲、谦谢，通通有了。

*　*　*

王安石推行新法，遭到激烈反对，吕惠卿却做了他主要的助手。后来罢相，新党分裂，吕氏一变而对他竭力攻击。隐居金陵之后，他便写了一封信给吕惠卿：

“我与先生由同心而至异意，都是因为国家大事，彼此其实没有私怨。朝上纷纷反对我的时候，独有先生帮助我，我对先生还有什么不满呢？先生受到许多人批评，我并没有加半句嘴，先生对我大概也没有什么好责怪的吧？以逢迎投机的态度处事对人，您知道我是不懂的，在实事求是这个方针上面，我想，彼此是一致的吧。

“您的信拜读过了，十分惆怅。我们之间的事情，彼此都清清楚楚。什么恩恩怨怨，都不必介怀了。不过，先生年富力强，在大时代中正好继续猛进。至于我，已经疲倦多病，现在不过是静静等待最后的日子罢了。彼此既然方向不同，所以，与其像庄子所谓困处陆地的鱼，互相用口沫濡湿对方，不如在深阔的江海之中，彼此忘记，各不相干好了。请您保重吧。”

这样的表态，不是礼貌而又凛然、委婉而又决绝吗？

原文出处

昨日蒙示书，今日又得三篇诗，足下少年而已能如此，辅之以良师友，而为之不止，何所不至？自泾至此，盖五百里，而又有山川之阨，足下乐从所闻，而不以为远，亦有志矣。然书之所愿，特出于名，名者古人欲之，而非所以先。足下之才力，求古人之所汲汲者而取之，则名之归，孰能争乎？孔子曰："君子去仁，恶乎成名？"古之成名，在无事于文辞，而足下之于文辞，方力学之而未止也，则某之不肖，何能副足下所求之意邪？

（王安石撰，中华书局上海编辑所编辑：《临川先生文集》，802页，北京：中华书局，1959年。后《临川先生文集》引文用此版本。）

某启：与公同心，以至异意，皆缘国事，岂有它哉？同朝纷纷，公独助我，则我何憾于公？人或言公，我无与焉，则公何尤于我？趣时便事，吾不知其说焉；考实论情，公宜昭其如此。开喻重悉，览之怅然。昔之在我者，诚无细故之可疑；则今之在公者，尚何旧恶之足念？然公以壮烈，方进为于圣世；而某茶然衰疢，特待尽于山林。趣舍异路，则相呴以湿，不如相忘之愈也。想趣召在朝夕，惟良食，为时自爱。

（《临川先生文集》，774 页）

38

谢枋得　委婉坚强守志节

六十三岁了。自己的国家，亡于外族已经十年。对生命不是没有眷恋，所以不曾立即殉国，不过，从操守气节，从文化认同，自己都不想为新王朝效力。想不到旧日的一位老师归顺了新政权，要帮其网罗人才，竟然推荐了自己。

拒绝。南宋进士、诗人谢枋得这样决定。

对方到底是旧日的老师，信怎么写？

“殷商亡了，伯夷叔齐虽然不做周朝的官，不过，能够西山采薇，也知道武王优容之德；嬴秦亡了，商山四皓虽然隐居采芝而食，不做汉朝的官，却也知道高祖厚待之恩；何况我们这些平凡普通之人，饮水吃饭于大元的土地上呢！

“大元王朝不计较我当年拒守之罪许多次了！我蒙受大元的恩惠，也算丰厚！如果学战国鲁仲连的‘宁蹈东海而死，不奉强秦为帝’，是不可以的。如今，我是大元的无业游民。庄子说得好：‘呼唤我为牛，便应之为牛；呼唤我为马，便应之为马。’对了，世人要称我为‘宋朝的逃亡臣子’，可以；要呼我为‘大元的游惰人民’，也可以。要把我看做顽固的宋朝遗民，可以；要把我视为懒散的大元隐者，也可以。总之，一切所谓荣誉、生死，都顺其自然，任天公去安排好了。如果我贪恋爵禄，糊糊涂涂地踏出了迈向官场的新一步，纵使大元仁慈、宽恕，像天地一般包涵、优容、哀怜我这个孤臣孽子，不忍心杀戮，我自己又有什么面目见大元呢？”

那位推荐他、写信给他、要他像自己一样出来替新朝效力的旧日之师留梦炎，会不会把最后一个“元”字看成“宋”字呢？

谢枋得最后说：

“我与这个太平盛世的草木，同样沾被大元的雨露。活着，被称为‘善士’；死了，墓道上如果能够写着‘宋处士谢某’，那就虽死犹生了。我对大元优容之德的诚心感谢，也是苍天可鉴的。司马迁说得好：‘人固有一死，或重于泰山，或轻于鸿毛。’后人推广他的讲法，说：‘慷慨捐躯易，从容就义难。’先生可以了解我的心事了。”

* * *

那位旧日之师，以至其他人士，对谢枋得可能并非不了解，只是为了向新朝表示效忠，他们还是逼他上路。到了北京，谢枋得绝食而死。

死的是他必朽的躯体，不死的是他这封信，以及他那无愧而无羁的自我。

原文出处

某亦在恩赦放罪一人之数。夷齐虽不仕周，食西山之薇，亦当知武王之恩；四皓虽不仕汉，茹商山之芝，亦当知高帝之恩。况羹藜含粝于皇帝之土地乎？皇帝之赦某屡矣，某受皇帝之恩亦厚矣，若效鲁仲连蹈东海而死，则不可。今既为皇帝之游民也。庄子曰：“呼我为马者，应之以为马；呼我为牛者，应之以为牛。”世之人有呼我为宋逋播臣者亦可；呼我为大元游惰民者亦可；呼我为宋顽民者亦可，呼我为皇帝逸民者亦可。为轮为弹，与化往来，虫臂鼠肝，随天付与。若贪恋官爵，昧于一行，纵皇帝仁恕，天涵地容，哀怜孤臣，不忍加戮，某有何面目见皇帝乎！

俾某与太平草木同沾圣朝之雨露，生称善士，死表于道曰“宋处士谢某之墓”，虽死之日，犹生之年，感恩报德，天实临之。感恩报恩，天实临之。司马子长有言：“人莫不有一死，死或重于泰山，或轻于鸿毛。”先民广其说曰：“慷慨赴死易，从容就义难。”先生亦可以察某之心矣！

（《四库全书·叠山集》第二卷）

39

王阳明　不挠不傲拒无礼

明朝大思想家、政治家王守仁——阳明先生二十六岁的时候，因为反对奸恶的宦官刘瑾，被贬到贵州做龙场驿丞。承风希旨，替当权者打落水狗以表示忠诚的奴才，在这蛮荒落后的地方同样很多，思州知州（亦称“太守”）所派来大肆侮辱的差人，就是其中的一批。结果连当地的少数民族人士都看不过眼，双方就起了冲突。太守大怒，告到专司监察和弹劾官吏的都察院去。副院长毛伯温就写信给王阳明，叫他息事宁人，向太守跪拜谢罪，并且对祸福利害的问题，好好考虑一下。

王阳明回信，首先感谢他的关怀，跟着说：

“差人前来侮辱，是他们恃势凌人，不是知州指使；龙场的夷人和他们争斗，更是出于愤愤不平，并不是我的指使。因此，知州没有侮辱我，我也没有怠慢知州，根本不存在‘谁得罪谁’的问题，又怎会有‘谢罪’的必要？”

——这是巧妙地把“差人”与“知州”一分为二，替对方开脱责任，也解除了对方问罪的权利。阳明先生跟着说：

“论到跪拜之礼，这是小官常分，不算屈辱。当然，也不应当无故而行这个大礼。不当行而行，与当行而不行，都是招致真正侮辱的失礼之举。我是一个弃逐小臣，所可以坚持的不过是忠信礼义，如果连这些最后的，也是最高的原则都不能坚守，那就是莫大的灾祸了！”

——你这小官，夸夸其谈，不怕横祸再次飞来吗？

“祸福利害的问题，我也曾讲习。我们相信，君子以忠信为利，以礼义为福。如果忠信礼义不存，即使是高官厚禄，也还是祸害，否则，即使剖心碎首，也仍然是福利，何况流离窜逐这样的小事呢！

“我住在龙场这个地方，天天与瘴疠、蛊毒、各种妖魔鬼怪共处，每天都会面临死亡的威胁。不过，我还是日子过得安安稳稳，心情一点儿也没有不妥，就因为知道所谓‘死生有命’，不因为一时的灾难而忘记了终身应该记念在心的修养。如果知州大人或者其他什么有力量者要加害，而那又是我罪有应得的，我当然会感到遗憾而又无话可说，否则，再大的打击，也不过是瘴疠蛊毒之类或魑魅魍魉的作怪，又怎能令我忧心呢？

“先生的教训，虽然有些地方我不敢接受，不过，因此而更能有所勉励，不敢堕废，这也是我获益之处了。我能够不诚恳感谢吗？”

——立场鲜明而正大，语气委婉而不亢不卑，入情入理，可谓得体之至。

原文出处

昨承遣人，喻以祸福利害，且令勉赴大府请谢；此非道谊深情，决不至此。感激之至，言无所容。

但差人至龙场陵侮，此自差人挟势擅威，非大府使之也。龙场诸夷与之争斗，此自诸夷愤愠不平，亦非某使之也。然则大府固未尝辱某，某亦未尝傲大府，何所得罪而遽请谢乎？

跪拜之礼，亦小官常分，不足以为辱，然亦不当无故而行之。不当行而行，与当行而不行，其为取辱一也。废逐小臣，所守以待死者，忠信礼义而已。又弃此而不守，祸莫大焉。凡祸福利害之说，某亦尝讲之。君子以忠信为利，礼义为福。苟忠信礼义不存，虽禄之万钟，爵以侯王之贵，君子犹谓之祸与害；如其忠信礼义之所在，虽剖心碎首，君子利而行之，自以为福也，况于流离窜逐之微乎！

某之居此，盖瘴疠蛊毒之与处，魑魅魍魉之与游，日有三死焉。然而居之泰然，未尝以动其中者，诚知生死之有命，不以一朝之患，而忘其终身之忧也。大府苟欲加害，而在我诚有以取之，则不可谓无憾；使吾无有以取之而横罹焉，则亦瘴疠而已尔，蛊毒而已尔，魑魅魍魉而已尔，吾岂以是动吾心哉！

执事之喻，虽有所不敢承，然因是而益知所以自励，不敢苟有所隳堕。则某也受教多矣，敢不顿首以谢！

（王守仁撰，吴光 钱明 董平 姚延福编校：《王阳明全集》，801页，上海：上海古籍出版社，1992年）

40

史可法　针锋相对拒降清

明朝以“明”为名，其实政治相当黑暗。到了末年，外则后金（清）压境，内则民变蜂起，结果闯王李自成攻陷北京，宦官开门迎接。刚愎自用、多疑善忌的明思宗，到末路穷途，还说“君非亡国之君，臣尽亡国之臣”，他先逼皇后自缢，后手刃妃嫔和女儿，自己跑到北京城外的煤山，悬树自尽。这是崇祯十七年（1644 年）三月十九日的事。

京陷帝崩，天下骚然。吴三桂因为老父和爱妾陈圆圆都陷于燕都，“冲冠一怒为红颜”（吴梅村：《圆圆曲》），竟向满清请求入关攻击闯王，于是“开门揖盗”，半壁河山立即为清所有。另一方面，太监魏忠贤余孽马士英、阮大铖等，拥立昏庸的福王，即位南京（史称“南明”），叫德高望重、忠义奋发但不是他们“自己人”的史可法督师江北，守着扬州前线。清兵最高统帅摄政王多尔衮便叫手下一位能文之士写了一封软硬兼施、铿锵跌宕的劝降信给史可法，这时是七月廿七日。

*　*　*

“我过去在沈阳，就知道北京的舆论都十分推崇您。后来入关破贼，认识了一班首都人士，包括在翰林院的令弟。曾经托他向您问候，表达一点儿仰慕的诚意。不知道那封信什么时候到达您那里。”

——一开始，说一些对方当之无愧的客套话，并且拉一下交情，让彼此的距离缩短些。

“近来道路上纷纷传说在金陵有人自立为帝——”

——用“道路之言”展开整封信的指斥、威吓、劝诱，并且也给对方预开一条“由否认而归降”的道路。用“自立”一词，也是古文笔法的“先立地步”，贬对方为“擅自立国”，换言之，是“伪政权”，不是“天与人归”的真命天子。信继续说：

“我们都知道，圣贤遗教说：臣子对君父的仇人，是不能容忍、不可并存的。孔子修《春秋》的义理，说：如果乱臣贼子还没有伏法，那么，对刚去世的君主，不能写‘已经安葬’；对新接任的君主，也不能写‘已经即位’。这是提防乱臣贼子盗窃神圣的国家名器，规矩是十分严格的。”

——这是用中国传统礼教、经典中崇高的《春秋》大义，否定南明政权的道德和法理基础，与上文所谓“自立”一样，都是旨在夺对方之气。

“现在，闯贼李自成武装叛乱，侵犯到紫禁城，毒害了皇帝，你们中国的群臣、百姓，没听说有谁去讨伐他的。只有我们现在的平西王、当年国土极东的吴三桂，却像春秋时代楚国为吴所破，申包胥跑到秦廷哭求救兵一般，请我们出师相助。我们感动于他的忠义，又顾念两国世代以来的友谊，于是放开不再计较近日小小的不愉快，编整了勇猛的军队，驱除了那批无父无君的禽兽。”

——满洲本来是明朝的藩属，渐渐强大而与渐衰的明屡屡冲突。现在是自我作大，以平等甚至施惠者的语气，向对方施压。

“我们入京的时候，首先议定的‘怀宗’帝、后谥号，足够尊崇，足够怀念，遵照礼制，奉安下葬。亲王、郡王、将军等上上下下的原有封爵，一切照旧，不改变，不削除。有功勋的皇亲国戚、文武官僚班子，整个保存，有恩典，有礼敬，一点儿不曾亏待。广大农村的生产活动和城市的一切商业行为，通通照常，丝毫没有扰乱，过渡得十分平稳。”

——这是铺陈新统治者的恩惠功德，一方面继续壮大自己的气势，一方面为招降诱叛张本。

“我们正打算迟些趁着秋高气爽，就派遣将领向西追击李闯，江南、河北两路联合进军，同心协力，消灭敌人，替你们报君国的大仇，也彰显我们朝廷的丰功大德——唉，想不到你们南方诸位先生，只图短时期的苟且偷安，泡沫富贵，全不知道时势的迁移、机会的变化，贪图虚名，而忘却了实际的祸害，我真觉得奇怪啊！”

——看他承上启下，何等灵活，似乎准备理直气壮地声讨对方了：

“我们朝廷这次平定北京，政权是从闯贼手里拿来的，不是由你们明朝这边取得的。贼匪们烧毁了象征你们奉天承运与宗族相继的宗庙神主，侮辱了你们的祖先，你们明朝当然算是完了。我们国家不辞征战之苦，不怕麻烦，调动了自己所有的力量，代你们报仇雪耻。如果你们是孝子、是仁人，应当怎样感激恩典、思图报答！现在你们竟然趁逆贼仍然未伏诛，我朝的王师暂告休息的空当，妄想割据江南，坐享渔人之利！你们想想吧，于情于理，又怎能算公平？

“要知道，闯贼李自成只是为祸你们明朝罢了，并没有得罪我国啊！只因为普天下都共同以乱臣贼子为仇敌，所以特别为此而挺身出击、申明大义罢了。现在如果你们还要打着已经失效的国号，使用你们再不配享有的尊称，便等于天上有两个太阳，俨然和我们对抗了！那样的话，我就要拣选本来要西行的军队，转而东征，并且还可能赦免他们那批流寇的死罪，叫他们做开路先锋，向你们进击。谁都知道，过去以中华全国力量，尚且被那积水成渊般的寇盗弄得狼狈困败，现在你们只有江南残山剩水的一角，却妄想同时抵抗他们以及另外一个强大得多的国家，是胜是败，不必再占卜了吧？”

——这是全信最凌厉、最雄猛的一段，理不一定直，气却十分壮。试把原文朗读一下，散中有骈，平仄配对，流畅铿锵，真是“得势不饶人”之至！

跟着就是和风细雨，意在好好安抚、劝诱一番：

“我听说：君子爱护一个人，就想他走上正路；微末平凡的人爱护一个人，就只知给予眼前的小恩小惠，像老祖母溺爱孙儿一般。各位先生如果能够了解时势所趋，认识天命所归，实实在在怀念故主，厚爱你们的好君王，就应该劝谏他放弃不配享有的称号，归顺做我朝的藩王，永永远远保有富贵。我们朝廷自然会以尧舜禅让、优礼先朝后人的规矩，让他继承宗族祭祀的一切礼仪物事，长久保有赐封，地位在其他王侯之上。这样才不负我们朝廷伸张正义、讨伐贼人，如古人所谓‘兴灭国，继绝世’的初衷。至于南方各位贤达，像凤凰翩然起舞，朝贺天子一般，来归我朝，自然会大受欢迎，获得各种爵位与封地。平西王吴三桂就是一个很好的例子。各位办事先生，请你们切实地好好考虑一下吧。”

——威逼利诱都说得差不多了，现在来一个总结：

“晚进的士大夫有个毛病，就是喜欢好名堂、大面子，而不顾国家的实际安危。每每碰到大事，就连不够分量、不是内行的人，都七嘴八舌，结果意见越多，越错过时机，误了大事。从前北宋君臣还在那里花时间争吵议论，达不成共识，而金兵已经渡过黄河，北宋就此完蛋，就是历史的一面镜子！可法先生，您不像他们，您是各界名流贤达的领袖、国家大计的主持人，一定能够深入考虑整件事的得失因果。您难道会忍受、会听从那些三脚猫的庸俗意见的摆布吗？选择什么、舍弃什么，采行什么、否定什么，要快一点做出决定了。我们大军出发在即，可以西征流寇，也可以东下江南。南国是安是危，就看我们怎样决定了。当然，也看你们怎样决定。总之，希望各位先生都以讨伐逆贼为宗旨，不要贪图个人短暂的富贵荣华，而加重故国无穷的祸害，为乱臣贼子所耻笑啊！

“古书上面说：‘只有聪明的好人，能接受坦率的忠告。’我大胆向先生表白诚恳的心意，热切等待您的指教。”

——最后的话，似乎温婉又亲切，而劝降，甚至迫降的“逻辑”，却十分清楚：

第一，明朝已经给李自成灭了，不再存在了。

第二，清兵是明朝乞请入关，破贼收京，从李自成手上取得政权的，所以，清对明有大恩大德，对土地、人民，有权统治。

第三，因此，南明是非法的。归顺，就有好处；抗拒，必定是灾祸。

处身风雨飘摇、大厦将倾的恶劣形势，面对这样一封威逼利诱、理曲气盛、振振有词而又咄咄逼人的信，怎么办？

还是要不亢不卑。

当然不能亢，敌甚强而我极弱。而且，敌人不止一个。而且，彼此还算是友军。

但是，更不能卑。因为国家民族的大义，士大夫的操守气节。

因此，史可法唯有尽力客气、礼让，而又“知其不可而为之”地坚守立场底线，针锋相对而又委婉得体地回复：

第一，明朝君死君继，法统清晰，事实上和道理上，都没有灭亡。

第二，清国曾受明朝册封，有入关勤王的道义，无鹊巢鸠占的道理。

第三，李自成是双方共同的敌人，双方应该继续结盟，保持友好。

九月十五日的回信，执笔的自然是幕下文士，意思和语气当然主要是史可法的。信这样说：

“在江南时，已经收到殿下的信，十分感谢！可法随即派人问候吴大将军。我们未敢突然就与贵处通信，并非敢于把隆重的情谊委诸草莽，不加珍惜，而是因为根据《春秋》大义，两国大夫之间不宜有私交。这点，要请殿下体谅。现在在戎马倥偬、军务繁忙之际，忽然奉接到美玉般的来信，真像从天而降一般！”

——一开始，是客气对客气；不过，称吴三桂不用清所封的什么“平西王”而仍然用明朝所封的“大将军”，又以“大夫无私交”的《春秋》之义，暗示不为对方私人交谊所动，都已经隐隐表现了立场。信跟着说：

“再三细读来信，殿下的好意我们是十分明白的。如果因为逆贼还没有受到天朝的讨伐，而麻烦贵国代为忧虑，可法是又感激、又惭愧！只是恐怕殿下左右的人不明白，以为江南的臣民苟且偷安，忘记了君父的仇怨，所以恭敬地写这封信，为贵国详细说明一下。

“先帝敬事天地，效法祖先，勤于政事，爱护百姓，是尧舜一流的君主；只因为庸臣误国，以致有三月十九日不幸的事情。可法当时身在南方等待朝廷命令，来不及北上援救；到奉命督师江北，统兵淮河边上的时候，不幸的消息就来到了。真像地裂天崩，山岳都草木枯颓，江海都波涛哭泣。谁人没有国君？可法悲痛自责：即使把我当廷处死，警诫有亏职守的人，也不足以向先帝谢罪啊！

“哀痛的当然不止可法一人，当时江南臣民都十分悲愤，没有一个不捶胸顿足、咬牙切齿，要动员东南所有军队，立即歼灭那些仇敌。不过有几位老成持重的臣子说，国破君亡之际，最重要的还是宗庙社稷的维持与继承。大臣们于是一同迎立当今主上，以维系中外的人心。今上不是别人，乃是神宗皇帝的孙子、光宗皇帝的侄儿、先帝的哥哥，可以说是名正言顺，有上天的荫庇，有人民的拥戴。五月初一，主上驾临南京，老百姓夹道欢呼，好几里外都能听见。当时群臣劝进，皇上异常悲痛，再三推辞，只答应做监国，等后来大臣、人民跪伏在宫阙下面，屡屡请求，才在十五日正式登位。在此之前，已经有种种祥瑞，祭告宗庙那天，也有很多异象。大江之中，涌出了大木材几十万根，正好用以修葺宫殿，这不是天意所归的表示吗？”

——这一段话之中，有关崇祯与福王的描述，以及许多当日公认为理当如此的门面话，现在看来，不免有些假、大、空之讥，不过，为了朝廷的尊严和合法性，在那时是不能不说的。信中强调福王天眷、人情、法统各方面的基础，也就等于反驳了对方所谓“自立”的指摘。

“主上即位几天后，就任命可法到江北整顿军队，准备定期西征。这时忽然传闻我们吴大将军借兵贵国，打败了逆贼，又为我们先帝办好丧礼、扫清宫殿、安抚百姓，并且收回要人民随从贵国习俗剃清额上头发的命令，表示不忘本朝。这种种义举，凡是大明臣子，没有不向北长跪拜谢的，岂止如尊函所谓‘感恩图报’而已！我们在八月间准备了一点儿薄礼，派人慰劳贵军，并且想向殿下请示日子，以便联合进兵向西继续讨伐逆贼，所以我军便北上到江淮边了。”

——以上表示明人并非不感谢满洲出兵，更有奋力讨贼的决心。

“就在这个时候，收到殿下的指教，引述《春秋》大义来质疑、责问。来信的引申、推论，看来很好，不过这是为列国君主去世、世子应立、弑君之贼未曾讨伐，于是不忍视故君为已死的人，建立理论根据罢了。如果殉国的是天下共主，太子又不知所终，这时还拘牵于‘不即位’的字面意义，呆坐着看不到‘大一统’的道理，在中国兵荒马乱之际，仓促出兵，试问：靠什么维系人心？靠什么号召忠义？

“夫子朱熹的《通鉴纲目》是继承《春秋》大义的，其中记载：王莽篡汉而光武中兴，曹丕废献帝为山阳公而刘备即位于蜀，西晋怀、愍二帝被掳而元帝即位为东晋，北宋徽、钦二帝被掳而高宗即位为南宋，诸如此类，都是在国仇未报之时的第一时间即国君之位，称为皇帝。《纲目》都承认是正统，没有说他们是‘自立’。甚至像唐代安史之乱，玄宗奔蜀，太子即位于灵武，招致了后世不少批评，但也承认他可以权宜行事，就是庆幸他能光复故土啊！”

——任何时代，心理战都是很重要的。名不正，言不顺，军队不知为何而战，斗志就会大受影响。以上一大段，是以《春秋》“大一统”的最高义理和历史上屡屡发生的“从权嗣位”事迹，作为论据，正面而详尽地反驳对方指摘福王“自立”的话。这在以王室血统继承为天经地义、没有所谓投票选举的时代，对于“正视听，系人心”，是极其重要的。信继续说：

“我们明朝传了十六代，都是正统继承。外边的民族，只要有‘衣冠’这最基本的文明表现，本朝就加以治理教化，即如圣人遗教的‘兴灭国，继绝世’，仁义恩德，广泛笼罩到远方。贵国在我朝先代，就好几次接受封号，这在政府条约保管部门都有明白的记载！难道没人听说过吗？现在贵国痛心本朝的灾难，出兵相助，可以说，《春秋》大义又得到彰扬！

“从前，契丹与宋朝订立和约，只是每年接受金钱与丝绸的礼品；回纥帮助唐朝平定安史之乱，也没有贪图领土利益。何况贵国这次怀念过去友好的邦交，以正义的原则出动军队，千秋万世，人们都会瞻仰这个义举。如果趁我们遭受患难，竟然放弃友好、加深仇恨，谋取这片疆土，做好事而不到底，这是以公义开始以私利终结！一定会被那些乱臣贼子嘲笑。贵国难道是这样吗？当然不是！”

——这是反击性最强的一段，指出满洲受明封的历史事实，所以，这次出兵相助，固然应该感谢，但在道义上也是应有之举。至于号称“义师”而要“抚定燕京”，侵占土地，以明人为清民，这更是明显的矛盾。包藏祸心，满洲的国格和声誉一定大受影响。当然，这个论点是无可奈何的，但也是大义凛然的。

信写到这里，已经差不多了。最后总结道：

“以往，先帝怜念盗贼本来也是子民，不忍心赶尽杀绝，所以‘剿灭’和‘招安’交替运用，怎知就误了时机，弄到今天的后果。当今圣上天赋英明，时时刻刻都想着报仇雪耻。我们朝廷之上，各级官员都体念国家艰危而和衷共济，各处的军事人员，也都化悲愤为力量，准备投入收复失地的战争，忠心义气的民间部队，也都甘愿为国牺牲。看来，上天消灭逆贼，不会晚于现在了！

“古语说：‘做好事要做得多，除邪恶要除得尽。’现在，逆贼还没有得到上天诛灭，根据情报他们正在陕西地区补充、编整，准备回兵报复。这不单是我朝不共戴天的仇恨，也是贵国除恶未尽的隐忧！所以，我们恳请贵国，加强彼此的战斗友谊，完成有始有终的恩德，让我们联合进攻、扫荡陕西的巢穴，共同砍下逆贼的头颅，以泄普天下人民的愤怒。这样，贵国的正义威名，一定会照耀千秋；我们对贵国的报答，也一定会尽自己能力的极限。从此，两国世世代代和平友好，那不是很美妙吗？至于订立同盟这件事，我们的使者已经上路，不久就会到达北京，依礼进见了。”

——尽力恳求对方友善地协助、合作之后，是严正地表示自己一心尽忠报国，不想其他：

“可法北望先帝的陵墓，泪早哭干了。救国无方，护主不力，这是应当万死的罪。之所以还没有立即追随先帝，实在只因为国家社稷仍然要人扶持。《左传》说：‘手足的力量用尽了，还有坚定不移的忠心。’可法处在今日，只有埋头奋斗，准备奉上生命，以求尽到臣子的责任、气节，就是报答国恩了。希望殿下明白、了解。”

——对方的威胁，史可法并不示弱，并且表示士气民心之可用；对方的利诱，史可法表示立志尽忠，一切不顾。

清军本来也一切不顾。在致书史可法之前，已经迁都北京，并且不久就改元顺治，作永占中国之计。史可法覆信的话，都变成白讲。次年四月，南明内讧，清军攻破扬州，屠城十日。史可法被俘不屈，于是壮烈殉国。求仁得仁，遗下这封信所表现的忠心正气和艺术技巧，垂范千古。

原文出处

清摄政王致书于史老先生文几：

予向在沈阳，即知燕京物望咸推司马。及入关破贼，与都人士相接，识介弟于清班，曾托其手勒平安，权致衷绪，未审何时得达。比闻道路纷纷，多谓金陵有自立者。夫君父之仇，不共戴天。《春秋》之义，有贼不讨，则故君不得书葬，新君不得书即位，所以防乱臣贼子，法至严也。闯贼李自成，称兵犯阙，手毒君亲；中国臣民，不闻加遗一矢。平西王吴三桂介在东陲，独效包胥之哭。朝廷感其忠义，念累世之宿好，弃近日之小嫌，爰整貔貅，驱除狗鼠。入京之日，首崇怀宗帝、后谥号，卜葬山陵，悉如典礼。亲、郡王、将军以下，一仍故封，不加改削；勋戚文武诸臣，咸在朝列，恩礼有加。耕市不惊，秋毫无犯。方拟秋高气爽，遣将西征，传檄江南，联兵河朔，陈师鞠旅，戮力同心，报乃君国之仇，彰我朝廷之德。岂意南州诸君子，苟安旦夕，弗审事机，聊慕虚名，顿忘实害，予甚惑之！国家之抚定燕都，乃得之于闯贼，非取之于明朝也。贼毁明朝之庙主，辱及先人。我国家不惮征缮之劳，悉索敝赋，代为雪耻。孝子仁人，当如何感恩图报？兹乃乘逆寇稽诛，王师暂息，遂欲雄据江南，坐享渔人之利。揆诸情理，岂可谓平？将以为天堑不能飞渡，投鞭不足断流耶？夫闯贼但为明朝祟耳，未尝得罪于我国家也。徒以薄海同仇，特伸大义。今若拥号称尊，便是天有二日，俨为劲敌。予将简西行之锐，转旆东征；且拟释彼重诛，命为前导。夫以中华全力受制潢池，而欲以江左一隅兼支大国，胜负之数，无待蓍龟矣。予闻君子爱人以德，细人则以姑息。诸君子果识时知命，笃念故主，厚爱贤王，宜劝令削号归藩，永绥福禄。朝廷当待以虞宾，统承礼物，带砺山河，位在诸王侯上，庶不负朝廷伸义讨贼、兴灭继绝之初心。至南州诸彦，翩然来仪，则尔公尔侯，列爵分土，有平西之典例在。惟执事实图利之。挽近士大夫好高树名义，而不顾国家之急，每有大事，辄同筑舍。昔宋人议论未定，兵已渡河，可为殷鉴。先生领袖名流，主持至计，必能深维终始，宁忍随俗浮沉？取舍从违，应早审定。兵行在即，可西可东。南国安危，在此一举。愿诸君子同以讨贼为心，毋贪一身瞬息之荣，而重故国无穷之祸，为乱臣贼子所窃笑，予实有厚望焉。记有之：为善人能受尽言。敬布腹心，伫闻明教。江天在望，延跂为劳。书不尽意。

大明国督师、兵部尚书兼东阁大学士史可法顿首谨启大清国摄政王殿下：

南中向接好音，法随遣使问讯吴大将军，未敢遽通左右，非委隆谊于草莽也，诚以大夫无私交，《春秋》之义。今倥偬之际，忽捧琬琰之章，真不啻从天而降也。讽读再三，殷殷致意。若以逆成尚稽天讨，为贵国忧，法且感且愧。惧左右不察，谓南中臣民偷安江左，顿亡君父之仇，故为殿下一详陈之。我大行皇帝敬天法祖，勤政爱民，真尧舜之主也。以庸臣误国，致有三月十九日之事。法待罪南枢，救援无及，师次淮上，凶闻遂来，地坼天崩，川枯海竭。嗟乎，人孰无君，虽肆法于市朝，以为泄泄者之戒，亦奚足谢先帝于地下哉！尔时南中臣民哀痛，如丧考妣，无不抚膺切齿，欲悉东南之甲，立剪凶仇。而二三老臣，谓国破君亡，宗社为重，相与迎立今上，以系中外之心。今上非他，即神宗之孙、光宗犹子，而大行皇帝之兄也。名正言顺，天与人归。五月朔日，驾临南都，万姓夹道欢呼，声闻数里。群臣劝进，今上悲不自胜，让再让三，仅允监国。迨臣民伏阙屡请，始于十五日正位南都。从前凤集河清，瑞应非一。即告庙之日，紫云如盖，祝文升霄，万目共瞻，欣传盛事。大江涌出楠梓数万，助修宫殿，是岂非天意哉！越数日，即令法视师江北，刻日西征。忽传我大将军吴三桂假兵贵国，破走逆成。殿下入都，为我先帝、后发丧成礼，扫清宫阙，抚戢群黎，且免剃发之令，示不忘本朝。此等举动，振古烁今，凡为大明臣子，无不长跽北向，顶礼加额，岂但如明谕所云感恩图报已乎！谨于八月，薄治筐篚，遣使犒师，兼欲请命鸿裁，连兵西讨。是以王师既发，复次江淮。乃辱明诲，引《春秋》大义来相诘责。善哉言乎，然此文为列国君薨，世子应立，有贼未讨，不忍死其君者立说耳。若夫天下共主，身殉社稷，青宫皇子，惨变非常，而犹拘牵不即位之文，坐昧大一统之义，中原鼎沸，仓卒出师，将何以维系人心，号召忠义，紫阳《纲目》踵事《春秋》，其间特书如莽移汉鼎，光武中兴；丕废山阳，昭烈践祚；怀、愍亡国，晋元嗣基；徽、钦蒙尘，宋高缵统，是皆于国仇未剪之日，亟正位号，《纲目》未尝斥为自立，卒以正统予之。至如玄宗幸蜀，太子即位灵武，议者疵之，亦未尝不许以行权，幸其光复旧物也。本朝传世十六，正统相承，自治冠带之族，继绝存亡，仁恩遐被。贵国昔在先朝，夙膺封号，载在盟府。后以小人构衅，致启兵端，先帝深痛疾之，旋加诛僇，此殿下所知也。今痛心本朝之难，驱除乱逆，可谓大义复着于《春秋》矣。若乘我国运中微，一旦视同割据，转欲移师东下，而以前导命元凶，义利兼收，恩仇倏忽，奖乱贼而长寇仇，此不惟孤本朝借力复仇之心，亦甚违殿下仗义扶危之初志矣。昔契丹和宋，止岁输以金缯；回纥助唐，原不利其土地。况贵国笃念世好，兵以义动，万代瞻仰，在此一举。若乃乘我蒙难，弃好崇仇，规此幅员，为德不卒，是以义始而以利终，贻贼人窃笑也，贵国岂其然欤？往者先帝轸念潢池，不忍尽戮，剿抚并用，贻误至今。今上天纵英明，刻刻以复仇为念。庙堂之上，和衷体国；

介胄之士，饮泣枕戈；人怀忠义，愿为国死。窃以为天亡逆闯，当不越于斯时矣。语云："树德务滋，除恶务尽。"今逆成未伏天诛，谍知卷土西秦，方图报复。此不独本朝不共戴天之恨，抑亦贵国除恶未尽之忧。伏乞坚同仇之谊，全始终之德，合师进讨，问罪秦中，共枭逆成之头，以泄敷天之愤。则贵国义闻，照耀千秋，本朝图报，惟力是视。从此两国世通盟好，传之无穷，不亦休乎！至于牛耳之盟，则本朝使臣久已在道，不日抵燕，奉盘盂以从事矣。法北望陵庙，无涕可挥，身陷大戮，罪当万死。所以不即从先帝于地下者，实为社稷之故。传曰："竭股肱之力，继之以忠贞。"法处今日，鞠躬致命，克尽臣节而已。即日奖帅三军，长驱渡河，以穷狐鼠之窟，光复神州，以报今上及大行皇帝之恩。贵国即有他命，弗敢与闻。惟殿下实明鉴之。

（转引自顾诚《南明史》，76页，北京：光明日报出版社，2011年）